【中国語音節表】

韻母 音節 声母	a	o	e	-i [ʅ]	[ɿ]	er	ai	ei	ao	ou	an	en	ang	eng	ong	i [i]	ia	ie	iao	iou -iu
	a	o	e			er	ai	ei	ao	ou	an	en	ang			yi	ya	ye	yao	you
b	ba	bo					bai	bei	bao		ban	ben	bang	beng		bi		bie	biao	
p	pa	po					pai	pei	pao	pou	pan	pen	pang	peng		pi		pie	piao	
m	ma	mo	me				mai	mei	mao	mou	man	men	mang	meng		mi		mie	miao	miu
f	fa	fo						fei		fou	fan	fen	fang	feng						
d	da		de				dai	dei	dao	dou	dan		dang	deng	dong	di		die	diao	diu
t	ta		te				tai		tao	tou	tan		tang	teng	tong	ti		tie	tiao	
n	na		ne				nai	nei	nao		nan	nen	nang	neng	nong	ni		nie	niao	niu
l	la		le				lai	lei	lao	lou	lan		lang	leng	long	li	lia	lie	liao	liu
g	ga		ge				gai	gei	gao	gou	gan	gen	gang	geng	gong					
k	ka		ke				kai		kao	kou	kan	ken	kang	keng	kong					
h	ha		he				hai	hei	hao	hou	han	hen	hang	heng	hong					
j																ji	jia	jie	jiao	jiu
q																qi	qia	qie	qiao	qiu
x																xi	xia	xie	xiao	xiu
zh	zha		zhe	zhi			zhai	zhei	zhao	zhou	zhan	zhen	zhang	zheng	zhong					
ch	cha		che	chi			chai		chao	chou	chan	chen	chang	cheng	chong					
sh	sha		she	shi			shai	shei	shao	shou	shan	shen	shang	sheng						
r			re	ri					rao	rou	ran	ren	rang	reng	rong					
z	za		ze		zi		zai	zei	zao	zou	zan	zen	zang	zeng	zong					
c	ca		ce		ci		cai		cao	cou	can	cen	cang	ceng	cong					
s	sa		se		si		sai		sao	sou	san	sen	sang	seng	song					

ian	in	iang	ing	iong	u	ua	uo	uai	uei -ui	uan	uen -un	uang	ueng	ü	üe	üan	ün
yan	yin	yang	ying	yong	wu	wa	wo	wai	wei	wan	wen	wang	weng	yu	yue	yuan	yun
bian	bin		bing		bu												
pian	pin		ping		pu												
mian	min		ming		mu												
					fu												
dian			ding		du		duo		dui	duan	dun						
tian			ting		tu		tuo		tui	tuan	tun						
nian	nin	niang	ning		nu		nuo			nuan				nü	nüe		
lian	lin	liang	ling		lu		luo			luan	lun			lü	lüe		
					gu	gua	guo	guai	gui	guan	gun	guang					
					ku	kua	kuo	kuai	kui	kuan	kun	kuang					
					hu	hua	huo	huai	hui	huan	hun	huang					
jian	jin	jiang	jing	jiong										ju	jue	juan	jun
qian	qin	qiang	qing	qiong										qu	que	quan	qun
xian	xin	xiang	xing	xiong										xu	xue	xuan	xun
					zhu	zhua	zhuo	zhuai	zhui	zhuan	zhun	zhuang					
					chu		chuo	chuai	chui	chuan	chun	chuang					
					shu	shua	shuo	shuai	shui	shuan	shun	shuang					
					ru		ruo		rui	ruan	run						
					zu		zuo		zui	zuan	zun						
					cu		cuo		cui	cuan	cun						
					su		suo		sui	suan	sun						

WEB 上での音声ファイルダウンロードについて

■『中国語のススメ』の音声ファイル（MP3）を無料でダウンロードすることができます。
「白帝社」で検索，または下記サイトにアクセスしてください。
http://www.hakuteisha.co.jp/news/n43547.html
※別途ダウンロードアプリや解凍アプリ（Clipbox など）が必要です。
スマートフォンからは上記 URL を直接入力するか，右の QR コードでアクセスすることができます。

■ 本文中の 000 マークの箇所が音声ファイル（MP3）提供箇所です。ファイルは ZIP 形式で圧縮された形でダウンロードされます。

吹込：李軼倫・容文育

■ ダウンロードがご不便な場合は，実費にて CD に音声を入れてお送りします。下記までご連絡ください。

㈱白帝社　電話 03-3986-3271　E-mail：info@hakuteisha.co.jp

ご注意

＊ 音声の再生には，MP3 ファイルが再生できる機器などが別途必要です。
＊ ご使用機器，音声再生ソフトに関する技術的なご質問は，ハードメーカー，ソフトメーカーにお問い合わせください。

【初級テキスト】

中国語のススメ

『中国語のススメ』編集部会 編

白帝社

课堂用语　（教室用語）

002・003

现在开始上课。	Xiànzài kāishǐ shàngkè.	今から授業を始めます。
同学们好！	Tóngxuémen hǎo!	クラスメートのみなさんこんにちは。
老师好！	Lǎoshī hǎo!	先生、こんにちは。
现在点名。	Xiànzài diǎnmíng.	これから出席をとります。
到。	Dào.	はい。
今天学习第一课。	Jīntiān xuéxí dì-yī kè.	今日は第１課を勉強します。
请打开课本第二页。	Qǐng dǎkāi kèběn dì-èr yè.	教科書の２ページを開いてください。
请不要看书。	Qǐng bú yào kàn shū.	本を見ないでください。
请听我念。	Qǐng tīng wǒ niàn.	私が読むのを聞いてください。
请跟我念。	Qǐng gēn wǒ niàn.	私のあとについて読んでください。
请再说一遍。	Qǐng zài shuō yí biàn.	もう一度言ってください。
懂了吗？	Dǒng le ma?	わかりましたか。
懂了。／ 不懂。	Dǒng le. / Bù dǒng.	わかりました。/ わかりません。
有问题吗？	Yǒu wèntí ma?	質問はありますか。
有。／ 没有。	Yǒu. / Méiyǒu.	あります。/ ありません。
对吗？	Duì ma?	正しいですか。
对。／ 不对。	Duì. / Bú duì.	正しいです。/ 正しくありません。
我们先复习一下。	Wǒmen xiān fùxí yí xià.	まず復習しましょう。
下面做练习。	Xiàmiàn zuò liànxí.	つぎに練習を行います。
现在做听写练习。	Xiànzài zuò tīngxiě liànxí.	これから書き取りの練習をします。
请到前面来。	Qǐng dào qiánmiàn lái.	前に来てください。
请看白板。	Qǐng kàn báibǎn.	ホワイトボードを見てください。
请写在白板上。	Qǐng xiě zài báibǎn shang.	ホワイトボードに書いてください。
请做第三题。	Qǐng zuò dì-sān tí.	３番の問題を解いてください。
今天的课就到这儿。	Jīntiān de kè jiù dào zhèr.	今日の授業はここまでです。
同学们再见。	Tóngxuémen zàijiàn.	クラスメートのみなさんさようなら。
下星期见。	Xià xīngqī jiàn.	また来週会いましょう。
下课。	Xiàkè.	授業を終わります。

はじめに

『中国語のススメ』は、中国語を初めて学ぶ人たちのための教科書です。一年間かけて、無理なく中国語の基礎が身につくように設計されています。

各課は以下の *CanDo*・新出語句・会話文・ポイント・練習問題から構成されています。

【*CanDo*】「その課で何ができるようになるか」を示したものです。

【新出語句】 各課で学ぶ語彙の一覧です。

【会話文】 自然な対話で中国語の表現を学習します。なお、各課で登場人物を替えています。

【ポイント】 重要な文法項目を積み上げ式で学んで行きます。

【練習問題】［ポイント］の学習項目の定着を図るため、問題１で書き換え練習等、問題２で日本語の短文を中国語に訳す練習をします。また中国語の聞き取りに慣れるため、問題３では音声を聞いてピンインと簡体字で書き取る練習をします。そして最後に、学習した語彙や文法を使えるようにするために、*CanDo* に対応した問題４で発表を行い、自分から中国語を発信する練習を行います。

なお、巻頭には教室用語一覧、巻末にはピンイン順の語彙索引を付けました。いずれも授業で活用してください。

2022年春

『中国語のススメ』編集部会

目　次

●中国語音節表
●课堂用语（教室用語）
はじめに …… i
第 1 课 …… 1
中国語とは　単母音
声調　複母音
第 2 课 …… 4
声母(1)　そり舌音
無気音・有気音
第 3 课 …… 7
声母(2)　n と ng
第 4 课 …… 10
消える o と e　“一 yī”の声調変化
r 化　“不 bù”の声調変化
軽声　数字
第三声＋第三声の声調変化　あいさつ
第 5 课　自己紹介ができる …… 13
1 人称代名詞
2 “是 shì”を使う文
3 動詞述語文
第 6 课　家族の紹介ができる …… 17
1 指示代名詞・場所代名詞
2 名詞を修飾する“的 de”(1)
3 副詞の“也 yě”と“都 dōu”
第 7 课　連絡方法を伝えることができる …… 21
1 疑問詞“谁 shéi”“什么 shénme”“哪个 něige”“怎么 zěnme”
2 所有の“有 yǒu”
3 形容詞述語文

第 8 课　食事を注文できる…… 25

1 反復疑問文、選択疑問文

2 数詞

3 名詞を修飾する“的 de”(2)

第 9 课　チケットを買うことができる…… 29

1 連動文

2 量詞

3 疑問詞“几 jǐ”“多少 duōshao”

第 10 课　学校の案内ができる…… 33

1 主述述語文

2 方位詞

3 存在の“在 zài”と“有 yǒu”

第 11 课　時間をたずねることができる…… 37

1 前置詞(1)“在 zài”“跟 gēn”“给 gěi”

2 時点

3 時量

第 12 课　簡単なスピーチができる…… 43

1 変化の“了 le”

2 完了の“了 le”

3 離合動詞

第 13 课　電話をかけることができる…… 47

1 経験の“过 guo”

2 助動詞(1)“想 xiǎng”“要 yào”

3 前置詞(2)“从 cóng”“到 dào”“离 lí”“往 wǎng”

第 14 课　学習状況について説明できる…… 51

1 二重目的語

2 結果補語

3 助動詞(2)“会 huì”“能 néng”“可以 kěyǐ”

第 15 课　旅行について説明できる…… 57

1 単純方向補語

2 複合方向補語

3 動詞の重ね型

第 16 课　頑張っていることについて説明できる………… 61
1 動詞の修飾語“地 de”
2 様態補語を導く“得 de”
3 助動詞(3)“应该 yīnggāi”“得 děi”

第 17 课　食べ物について説明できる……………………… 65
1 進行の“在 zài”“正在 zhèngzài”
2 比較構文
3 主題化構文

第 18 课　長期休暇の予定について説明できる…………… 69
1 持続の“着 zhe”
2 存在・出現・自然現象を示す文（存現文）
3 補語の可能表現

第 19 课　病院に行くことができる………………………… 73
1 “把 bǎ”構文
2 受け身の“被 bèi”
3 近接未来

第 20 课　メールを書くことができる……………………… 77
1 使役
2 “是…的 shì…de”構文
3 接続詞の呼応表現

●語彙索引……………………………………………………………… 82
●中国全図

・中国語で使われる句読点などの記号……………… 17
・中国の祝祭日 ……………………………………… 41
・セットで覚えよう…………………………………… 56
・台湾の中国語表記…………………………………… 66

Dì - yī kè

第 1 课

中国語とは

- 中国大陸の共通語です。台湾・シンガポール・マレーシアや、各国の海外華人の間でも用いられます。
- 中国大陸では**简体字**という簡略化された漢字で表記します。ただし台湾や香港などでは、簡略化される前の字形である繁体字を使用します。
- 中国語の発音表記は**ピンイン**（**拼音** pīnyīn）を用います。ピンインではアルファベットと、声調の区別を表す「声調記号」が使われます。
- 中国の共通語という意味で**普通话** Pǔtōnghuà（普《あまね》く通じる話《ことば》）と言い、また**中文** Zhōngwén（中国の文《ことば》）、**汉语** Hànyǔ（漢族の言語）とも言います。

声調

中国語は一つ一つの音節に声調（*tone*）があります。

004

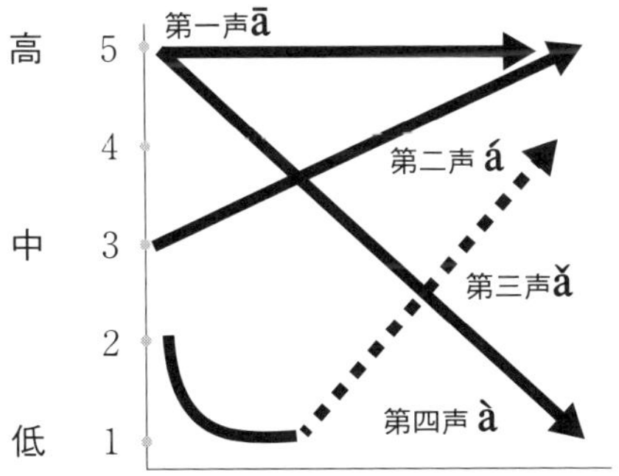

第一声 **ā**　高く平らに

第二声 **á**　急に上げる

第三声 **ǎ**　低くおさえる
※強調する場合や文末では最後を上げる

第四声 **à**　急に下げる

005

発音練習（1）

1. a　—　ā　á　ǎ　à
2. ma　—　mā　má　mǎ　mà
3. na　—　nā　ná　nǎ　nà

006 単母音

a　日本語の「ア」よりも舌を下に押さえ、口を縦横に大きく開けます。

o　日本語の「オ」よりも唇を丸め、口の両側をすぼめます。

e　日本語の「エ」の唇の形で、のどの奥から「ウ」を発音します。

er　「ア」と「エ」の間のあいまい母音を出しながら、舌先をそり上げます。

i (yi)　日本語の「イ」よりも唇を左右に引っ張ります。

u (wu)　日本語の「ウ」よりも唇を丸め、舌を奥に引いて音を出します。

ü (yu)　日本語の「ユ」の唇の形で「イ」を発音します。上の２つの点はウムラウト記号と言います。

- （　）内は前に子音が来ない時の表記です。
- 声調記号は母音の上に付けます。er は e の上、wu と yu は u の上になります。
- i の上に声調記号を付ける時は上の点を書きません。

ウムラウト記号の省略（1）

ü → yu

ü の前に子音が来ない時はウムラウト記号を省略し、yu と書きます。

007 発音練習（2）

1. a —	ā	á	ǎ	à		5. i (yi) —	yī	yí	yǐ	yì
2. o —	ō	ó	ǒ	ò		6. u (wu) —	wū	wú	wǔ	wù
3. e —	ē	é	ě	è		7. ü (yu) —	yū	yú	yǔ	yù
4. er —	ēr	ér	ěr	èr						

008 聞き取り練習（1）　音声を聞き、ピンインを書き取りましょう。

①＿＿＿＿　②＿＿＿＿　③＿＿＿＿　④＿＿＿＿　⑤＿＿＿＿　⑥＿＿＿＿　⑦＿＿＿＿　⑧＿＿＿＿

複母音

- 単母音をなめらかにつなげます。ただし「e」は日本語の「エ」に近い音になります。
- 声調記号は最も強く発音する母音の上に付けます。a が有れば a の上、a が無ければ e か o の上です。
- （　）内は前に子音が来ない時の表記です。

009 **ai　ei　ao　ou**

前の母音を強く長めに発音します。

010 発音練習（3）>

1. ai — āi　ái　ǎi　ài
2. ei — ēi　éi　ěi　èi
3. ao — āo　áo　ǎo　ào
4. ou — ōu　óu　ǒu　òu

011 **ia** (ya)　**ie** (ye)　**ua** (wa)　**uo** (wo)　**üe** (yue)

後の母音を強く長めに発音します。

012 発音練習（4）<

1. ia (ya) — yā　yá　yǎ　yà
2. ie (ye) — yē　yé　yě　yè
3. ua (wa) — wā　wá　wǎ　wà
4. uo (wo) — wō　wó　wǒ　wò
5. üe (yue) — yuē　yué　yuě　yuè

013 **iao** (yao)　**iou** (you)　**uai** (wai)　**uei** (wei)

中央の母音を強く長めに発音します。

014 発音練習（5）<>

1. iao (yao) — yāo　yáo　yǎo　yào
2. iou (you) — yōu　yóu　yǒu　yòu
3. uai (wai)　wāi　wái　wǎi　wài
4. uei (wei) — wēi　wéi　wěi　wèi

015 聞き取り練習（2）音声を聞き、ピンインを書き取りましょう。

①＿＿＿＿　②＿＿＿＿　③＿＿＿＿　④＿＿＿＿　⑤＿＿＿＿　⑥＿＿＿＿　⑦＿＿＿＿　⑧＿＿＿＿

第 2 课《Dì-èr kè》

声母（1）

016

	無気音	有気音		
唇音	b(o)	p(o)		
舌尖音	d(e)	t(e)		
舌根音	g(e)	k(e)		
舌面音	j(i)	q(i)		
そり舌音	zh(i)	ch(i)	sh(i)	r(i)
舌歯音	z(i)	c(i)		

音節の頭の子音を**声母**と言い、発音する時に口の中の上と下で作る「せばめ」の場所によって、唇音・舌尖音・舌根音・舌面音・そり舌音・舌歯音に分類できます。

中国語の音節構造

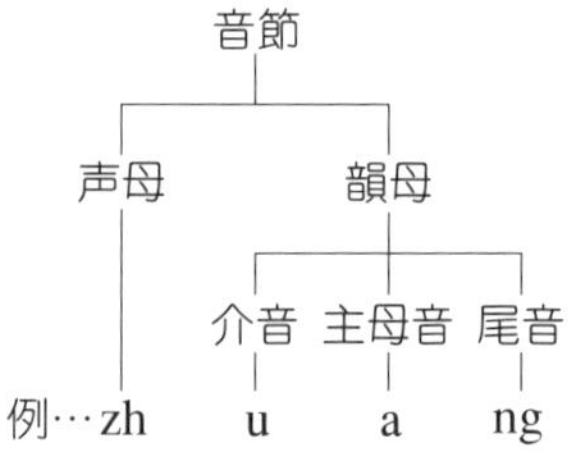

注：常にすべてが備わっているとは限らない。

無気音・有気音

中国語の子音には無気音と有気音の対立があります。日本語の清音・濁音のような声帯の震動ではなく、息の出し方による違いです。無気音は日本語の濁音にならないよう息を抑え、有気音は息を一気に強く出します。

息を抑える	息を一気に強く出す
b「パ」の子音の無気音	**p**「パ」の子音の有気音
d「タ」の子音の無気音	**t**「タ」の子音の有気音
g「カ」の子音の無気音	**k**「カ」の子音の有気音

017

発音練習（1）

bā ／ pā	bō ／ pō	bǐ ／ pǐ	biǎo ／ piǎo
dā ／ tā	dí ／ tí	dē ／ tē	dào ／ tào
gā ／ kā	gù ／ kù	gē ／ kē	gǒu ／ kǒu

息を抑える	息を一気に強く出す
j「チ」の子音の無気音	**q**「チ」の子音の有気音

018 発音練習（2）

jī ／ qī　　jiào ／ qiào　　jū ／ qū　　jué ／ qué

ウムラウト記号の省略（2）

j + ü- → ju-　　q + ü- → qu-

jやqの後にはu(wu)の音が来ないため、ü(yu)から始まる音が付く時は、ウムラウト記号を省略します。

息を抑える	息を一気に強く出す
z 「ツ」の子音の無気音	**c** 「ツ」の子音の有気音

019 発音練習（3）

zā ／ cā　　zū ／ cū　　zuò ／ cuò　　zī ／ cī

i の音の違い（1）

bi　pi　di　ti　ji　qi　日本語の「イ」よりも唇を左右に引っ張って発音します。

zi　ci　唇を左右に引っ張って「イ」と言おうとしても、zやcの舌の位置で発音すると「ウ」に聞こえる音に変わります。

020 聞き取り練習（1）音声を聞き、ピンインを書き取りましょう。

①＿＿＿＿　②＿＿＿＿　③＿＿＿＿　④＿＿＿＿　⑤＿＿＿＿　⑥＿＿＿＿　⑦＿＿＿＿　⑧＿＿＿＿

そり舌音

1. 舌先を上の前歯の裏からのどの奥に向かってなぞってみましょう。
2. すると、初めは上あごに舌先の表側がついていたのに、途中で舌先の裏側に変わる場所があります。
3. そこに舌先をあてて（これが「そり舌」です）、舌全体をスプーン状にするよう意識し、以下のように発音してみると、こもった音が出ます。

zh 「そり舌」で「チ」を無気音で発音

ch 「そり舌」で「チ」を有気音で発音

sh 「そり舌」で「シ」を発音

r 「そり舌」で「リ」を発音

i の音の違い（2）

zhi　chi　shi　ri

そり舌音の後の -i は、口をあまり左右に引っ張らず、日本語の「イ」のように発音します。

021 発音練習（4）

zhī	chī	shī	rī	zhí	chí	shí	rí
zhǐ	chǐ	shǐ	rǐ	zhì	chì	shì	rì

そり舌音に -i 以外の母音が付く時は、口をいったん -i を付けた形にし（この時、音は出さないように注意）、そのままそれぞれの母音に移行するように発音します。

022 発音練習（5）

zhú	chú	shú	rú	zhè	chè	shè	rè
zhòu	chòu	shòu	ròu	zhuò	chuò	shuò	ruò
zhǎo	chǎo	shǎo	rǎo				

023 聞き取り練習（2）音声を聞き、ピンインを書き取りましょう。

①　　②　　③　　④　　⑤　　⑥　　⑦　　⑧

第《Dì》 3《sān》 课《kè》

声母（2）

024

唇音	m(o)	f(o)
舌尖音	n(e)	l(e)
舌根音	h(e)	
舌面音	x(i)	
舌歯音	s(i)	

m　n　h　f　l

いずれも英語のアルファベットでの典型的な発音とほぼ同様です。

ただし h は、英語の h よりものどの奥から発音します。

f は、上の歯を下唇に軽くあてて、隙間から息を出します。

l は、上の歯ぐきの裏に舌先を押しつけて、舌の両脇から息を出して発音すると同時に舌先を上の歯ぐき裏からすばやく離します。

025

発音練習（1）

mā　mō　nā　nē　hā　hē　fā　fō　lā　lē

x　s

x は日本語のヘボン式ローマ字の sh の音に相当します。

s は日本語のヘボン式ローマ字の s の音に相当します。

ウムラウト記号の省略（3）

x ＋ ü-　→　xu-

j や q 同様、x の後には u(wu) の音が来ないため、ü(yu) から始まる音が付く時は、ウムラウト記号を省略します。

i の音の違い（3）

xi　日本語の「イ」よりも唇を左右に引っ張って発音します（ji や qi と同じ）。

si　唇を左右に引っ張って「イ」と言おうとしても、s の舌の位置で発音すると「ウ」に聞こえる音に変わります（zi や ci と同じ）。

026 発音練習（2）

xī　sī　xū　sū　xuē　sè　xià　sǎo　xiě　sài

027 聞き取り練習（1）　音声を聞き、ピンインを書き取りましょう。

①______ ②______ ③______ ④______ ⑤______ ⑥______ ⑦______ ⑧______

n と ng

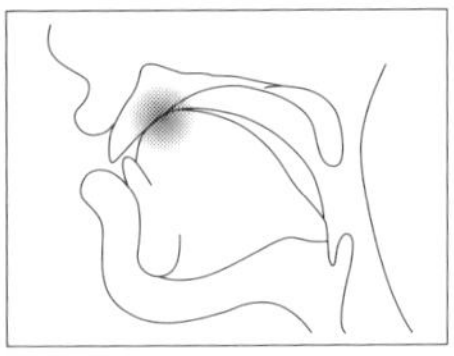

n　日本語の「けんない（圏内）」の「ん」。舌先を上の歯茎につけます。

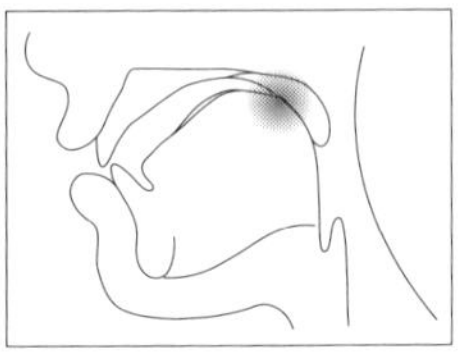

ng　日本語の「けんがい（圏外）」の「ん」。舌先がどこにもつかず、舌の奥が持ち上がります。

028

an	**uan**(wan)	**in**(yin)
ang	**uang**(wang)	**ing**(ying)

029 発音練習（3）

mán	máng	wān	wāng
huán	huáng	chuān	chuāng
yǐn	yǐng	mín	míng

030

ian(yan)		a は「エ」のように発音
iang(yang)		a は「単母音の a」と同じ要領
en	**uen**(wen)	e は「エ」のように発音
eng	**ueng**(weng)	e は「単母音の e」と同じ要領

031 発音練習（4）

yán	yáng	qiàn	qiàng	xiǎn	xiǎng
pén	péng	zhēn	zhēng	wēn	wēng

032

üan(yuan)	a は「エ」でも「単母音の a」でも良い（“üang”はありません）
ong	単母音の o の後に ng を発音（“on”はありません）
ün(yun)	単母音の ü の後に n を発音（“üng”はありません）
iong(yong)	単母音の ü の後に ng を発音（“ion”はありません）

033 発音練習（5）

juān	xuān	yuān	dǒng	tóng	zhōng
jūn	qún	yùn	jiǒng	qióng	yōng

034 聞き取り練習（2）音声を聞き、ピンインを書き取りましょう。

①＿＿＿＿ ②＿＿＿＿ ③＿＿＿＿ ④＿＿＿＿ ⑤＿＿＿＿ ⑥＿＿＿＿ ⑦＿＿＿＿ ⑧＿＿＿＿

Dì - sì kè

第 4 课

消えるoとe

◎+ iou → ◎ iu　　◎+ uei →◎ ui　　◎+ uen →◎ un

- iou、uei、uen の前に子音がある時、o や e は弱く発音し、つづりから省略します。
- ただし、第三声の時は o や e をはっきり発音します（表記は省略したままです）。
- 声調記号は -iu は u の上、-ui は i の上、-un は u の上に付けます。

035

発音練習（1）

jiū	jiú	jiǔ	jiù	xiū	xiú	xiǔ	xiù
duī	duí	duǐ	duì	guī	guí	guǐ	guì
lūn	lún	lǔn	lùn	cūn	cún	cǔn	cùn

036

儿化

哪儿 nǎr	画儿 huàr	母音の後に r を付けて発音します。
味儿 wèir	小孩儿 xiǎoháir	i の後に r が付くと、i は発音しません。
玩儿 wánr	一点儿 yìdiǎnr	n の後に r が付くと、n は発音しません。
样儿 yàngr	空儿 kòngr	ng の後に r が付くと、ng は発音せず、前の母音が鼻音化します。

※一部の単語や人名は、“儿” を単独で ér と発音します。*ex.* 女儿 nǚ'ér

037

発音練習（2）

nǎr　huàr　wèir　xiǎoháir　wánr　yìdiǎnr　yàngr　kòngr

軽声

軽声の音の高さは、直前の音節の声調で決まります。

038

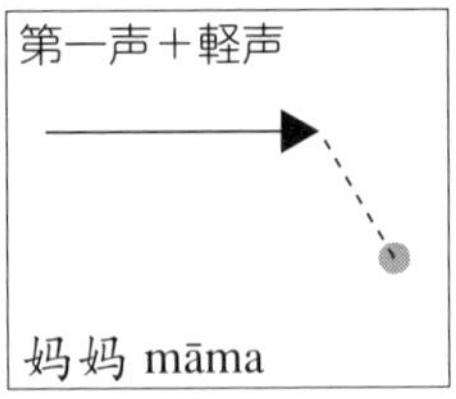

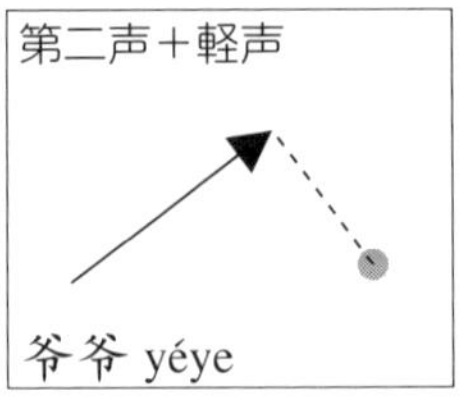

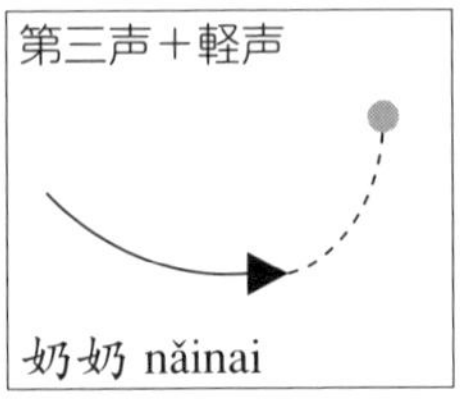

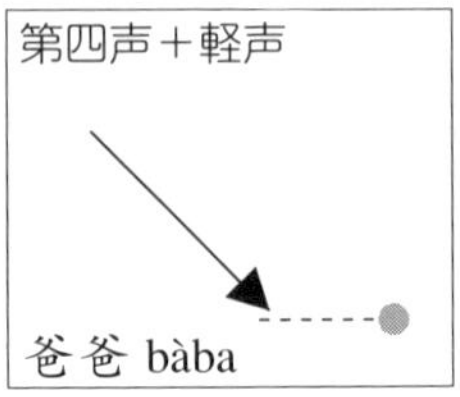

039 発音練習（3）

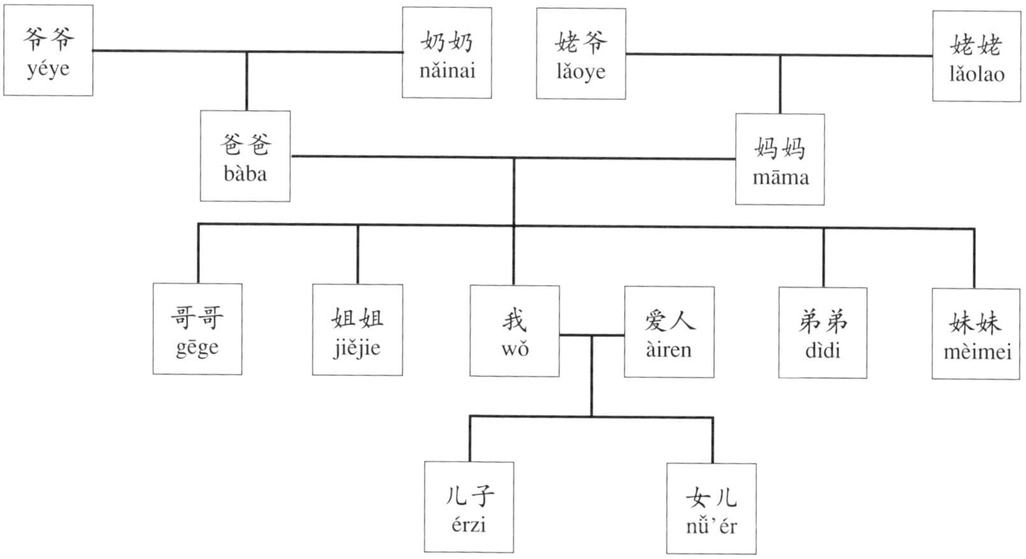

第三声＋第三声の声調変化

ˇ ˇ → ˊ ˇ

声調変化後も声調記号はˇのまま記します。

040 発音練習（4）

友好 yǒuhǎo　　水果 shuǐguǒ　　手表 shǒubiǎo　　火腿 huǒtuǐ

041 発音練習（5）

东京 Dōngjīng	中国 Zhōngguó	香港 Xiānggǎng	深圳 Shēnzhèn
台湾 Táiwān	德国 Déguó	朝鲜 Cháoxiǎn	福建 Fújiàn
北京 Běijīng	美国 Měiguó	蒙古 Měnggǔ	武汉 Wǔhàn
四川 Sìchuān	澳门 Àomén	日本 Rìběn	印度 Yìndù

"一 yī" の声調変化

yī ＋ ˉ ˊ ˇ → yì ＋ ˉ ˊ ˇ

yī ＋ ˋ → yí ＋ ˋ

“一 yī”は、後に第一・二・三声が続くと第四声（yì）に、第四声が続くと第二声（yí）になり、いずれも声調記号は変調後の声調に書き換えます。

序数や固有名詞は変調しません（第一课 dì-yī kè、一月 yīyuè、一郎 Yīláng など)。後に続く音節が軽声の場合、その語の本来の声調によって変調します（一个 yí ge ←本来は yí gè)。

042 発音練習（6）

一天 yì tiān　　一年 yì nián　　一起 yìqǐ　　一样 yíyàng

“不 bù”の声調変化

bù + ＼ → bú + ＼

“不 bù”は、後に第四声が続くと第二声（bú）になり、声調記号も書き換えます。

043 発音練習（7）

不是 bú shì　　不对 bú duì　　不卖 bú mài　　不去 bú qù

044 聞き取り練習　音声を聞き、ピンインを書き取りましょう。

①………… ②………… ③………… ④………… ⑤………… ⑥………… ⑦………… ⑧…………

045 数字

yī	èr	sān	sì	wǔ	liù	qī	bā	jiǔ	shí
一	二	三	四	五	六	七	八	九	十

shíyī	shí’èr	shísān		èrshí	èrshiyī	èrshi’èr		jiǔshijiǔ
十一	十二	十三	…	二十	二十一	二十二	…	九十九

046 あいさつ

你好！	Nǐ hǎo!	再见！	Zàijiàn!
谢谢。	Xièxie.	不客气。	Bú kèqi.
对不起。	Duìbuqǐ.	没关系。	Méi guānxi.
现在点名。	Xiànzài diǎnmíng.	到。	Dào.

第 5 课《Dì-wǔ kè》

CanDo：自己紹介ができる

047 **新出語句**

山田亮太 Shantián Liàngtài [固] 山田亮太（人名）

你好 nǐ hǎo こんにちは

你 nǐ [代] あなた、君

是 shì [動] ～だ、～である、（単独で用いて）はい

留学生 liúxuéshēng [名] 留学生

吗 ma [助] ～ですか、～しますか

杨平 Yáng Píng [固] 楊平（人名）

我 wǒ [代] 私

不 bù [副] ～しない、～ではない、（単独で用いて）いいえ

中国人 Zhōngguórén [固] 中国人

叫 jiào [動]（名前は）～という

什么 shénme [代] なに、どんな ⇨第 7 课 **1**

名字 míngzi [名] 名前（フルネーム）

日本人 Rìběnrén [固] 日本人

学 xué [動] 学ぶ、勉強する

汉语 Hànyǔ [固] 中国語

对 duì [形] その通りである、正しい、（単独で用いて）はい

法律 fǎlù [名] 法律

去 qù [動] 行く

教室 jiàoshì [名] 教室

再见 zàijiàn さようなら

* * *

048

我们 wǒmen [代] 私たち

咱们 zánmen [代] 私たち（聞き手を含む）

您 nín [代] あなた（"你"の敬称）

你们 nǐmen [代] あなたたち、君たち

他 tā [代] 彼

她 tā [代] 彼女

它 tā [代] それ、あれ

他们 tāmen [代] 彼ら

她们 tāmen [代] 彼女たち

美国人 Měiguórén [固] アメリカ人

老师 lǎoshī [名] 先生

吃 chī [動] 食べる

中国菜 Zhōngguócài [固] 中華料理

喝 hē [動] 飲む

咖啡 kāfēi [名] コーヒー

买 mǎi [動] 買う

手表 shǒubiǎo [名] 腕時計

北京 Běijīng [固] 北京（地名）

英语 Yīngyǔ [固] 英語

品詞名表示法

［新出語句］における品詞の標記について、以下のように略式記号を用いる。

[名] 名詞	[動] 動詞	[離] 離合動詞	[形] 形容詞	[方] 方位詞
[数] 数詞	[代] 代名詞	[量] 量詞	[副] 副詞	[接] 接続詞
[助] 助詞	[前] 前置詞	[助動] 助動詞	[感] 感嘆詞	[固] 固有名詞
[接頭] 接頭辞	[接尾] 接尾辞	連語、固定フレーズは標記なし		

049・050

会話文

山田　亮太：你 好！ 你 是 留学生 吗？
Shāntián Liàngtài　Nǐ hǎo! Nǐ shì liúxuéshēng ma?

杨　平：我 不 是 留学生。我 是 中国人。
Yáng Píng　Wǒ bú shì liúxuéshēng. Wǒ shì Zhōngguórén.

山田　亮太：你 叫 什么 名字？
Shāntián Liàngtài　Nǐ jiào shénme míngzi?

杨　平：我 叫 杨 平。你 是 日本人 吗？
Yáng Píng　Wǒ jiào Yáng Píng. Nǐ shì Rìběnrén ma?

山田　亮太：是，我 是 日本人。我 叫 山田 亮太。
Shāntián Liàngtài　Shì, wǒ shì Rìběnrén. Wǒ jiào Shāntián Liàngtài.

杨　平：你 学 汉语 吗？
Yáng Píng　Nǐ xué Hànyǔ ma?

山田　亮太：对，我 学 汉语。
Shāntián Liàngtài　Duì, wǒ xué Hànyǔ.

杨　平：我 学 法律。我 去 教室。再见。
Yáng Píng　Wǒ xué fǎlǜ. Wǒ qù jiàoshì. Zàijiàn.

【ポイント】

051
1 人称代名詞

	単数	複数
一人称	我 wǒ	我们　（咱们） wǒmen (zánmen)
二人称	你（您） nǐ　(nín)	你们 nǐmen
三人称	他　她　它 tā　tā　tā	他们　她们 tāmen　tāmen

解説

・“您 nín” は “你 nǐ” の敬称です。
・“咱们 zánmen” は聞き手を含む「私たち」という意味を示します。
・三人称代名詞は、発音上は男性、女性の区別をしません。
・“它 tā” は人間以外の動物や事物を指します。

052
2 “是 shì” を使う文

我 是 日本人。
Wǒ shì Rìběnrén.

她 是 美国人。
Tā shì Měiguórén.

否定形

他 不 是 留学生。
Tā bú shì liúxuéshēng.

疑問形

您 是 老师 吗？ — 是，我 是 老师。
Nín shì lǎoshī ma? Shì, wǒ shì lǎoshī.

不，我 不 是 老师。
Bù, wǒ bú shì lǎoshī.

解説

・「〜は…ではない」という否定形は “是 shì” の前に “不 bù” を置きます。
・「〜は…ですか」という疑問形は文末に “吗 ma” をつけます。

053
3 動詞述語文

中国語の基本語順　主語＋動詞＋目的語

我 吃 中国菜。
Wǒ chī Zhōngguócài.

她 喝 咖啡。
Tā hē kāfēi.

否定形

我 不 买 手表。
Wǒ bù mǎi shǒubiǎo.

她 不 去 北京。
Tā bú qù Běijīng.

疑問形

你 学 英语 吗？
Nǐ xué Yīngyǔ ma?

解説

・「否定形」は「主語＋“不 bù”＋動詞＋目的語」、「疑問形」は文末に “吗” をつけます。

【練習問題】

1：指示に従って書いてください。

① 我（　　）杨平。　[空欄に適当な語を入れる]

② 我是中国人。　[否定文に直す]

③ 她是美国人。　[疑問文に直す]

④ 我喝咖啡。　[否定文に直す]

⑤ 他学汉语。　[疑問文に直す]

⑥ 叫　名字　你　什么　[並べ替えて句読点を加え文を作る]

2：次の日本語を中国語に訳してください。

① 彼は留学生です。

② あなたはアメリカ人ですか。

③ さようなら。

④ 私は先生ではありません。

⑤ 彼女は北京に行きません。

⑥ こんにちは、私は＿＿＿＿と言います。

054

3：発音を聴いてピンインと簡体字を書いてください。

①ピ：＿＿＿＿　②ピ：＿＿＿＿

簡：＿＿＿＿　簡：＿＿＿＿

③ピ：＿＿＿＿　④ピ：＿＿＿＿

簡：＿＿＿＿　簡：＿＿＿＿

⑤ピ：＿＿＿＿　⑥ピ：＿＿＿＿

簡：＿＿＿＿　簡：＿＿＿＿

4：中国語で自己紹介をしてみましょう。

你好！我叫＿＿＿＿。

Nǐ hǎo! Wǒ jiào＿＿＿＿.

第《Dì》 6《liù》 课《kè》

055

新出語句

刘萌 Liú Méng 固 劉萌（人名）

欸 éi 感 あれ、おや（いぶかる気持ち）

这 zhè 代 これ、この

家里人 jiālirén 名 家族

的 de 助 ～の

照片 zhàopiàn 名 写真

佐藤大介 Zuǒténg Dàjiè 固 佐藤大介（人名）

啊 a 助 ～ですよ、～ですね、～だなあ（肯定や感嘆を示す）

爸爸 bàba 名 お父さん

银行 yínháng 名 銀行

职员 zhíyuán 名 職員

妈妈 māma 名 お母さん

呢 ne 助 ～は？（名詞の後に置いて疑問を表す）

姐姐 jiějie 名 お姉さん

哦 ò 感 ああ（納得する気持ち）

哪儿 nǎr 代 どこ ⇨第7课1

人 rén 名 人

北京人 Běijīngrén 固 北京出身の人

大学 dàxué 名 大学

也 yě 副 ～も、～もまた

大学生 dàxuéshēng 名 大学生

都 dōu 副 いずれも、全部、みな

学习 xuéxí 動 勉強する

* * *

056

这个 zhège/zhèige 代 これ、この

那 nà 代 あれ、あの

那个 nàge/nèige 代 あれ、あの

哪 nǎ 代 どれ、どの

哪个 nǎge/něige 代 どれ、どの

这些 zhèxiē/zhèixiē 代 これら、これらの

那些 nàxiē/nèixiē 代 あれら、あれらの

哪些 nǎxiē/něixiē 代 どれ、どの（複数形）

这里 zhèli 代 ここ

这儿 zhèr 代 ここ

那里 nàli 代 あそこ

那儿 nàr 代 あそこ

哪里 nǎli 代 どこ

书 shū 名 本

学校 xuéxiào 名 学校

电脑 diànnǎo 名 コンピューター

哥哥 gēge 名 お兄さん

公司 gōngsī 名 会社

中国 Zhōngguó 固 中国

美国 Měiguó 固 アメリカ

年级 niánjí 名 ～年生

学生 xuésheng 名 学生

词典 cídiǎn 名 辞書

[中国語で使われる句読点などの記号]

。	（簡体字の文で）文末に置く。
.	（ピンインの文で）文末に置く。
?	疑問文や反語文の文末に置く。
!	感嘆文や強い感情を表す文（一部の挨拶表現も含む）の文末に置く。
,	文中の切れ目に置く。日本語の読点「、」に相当。
、	並列する単語や句の間に置き、「～と…」を表す。
:	次に会話文や総括などが来ることを表す。
“ ”	会話文や引用部分を表す。
《 》	書名・作品名を表す。

057・058

会話文

刘 萌： Liú Méng	欸，这 是 你 家里人 的 照片 吗？ Éi, zhè shì nǐ jiālirén de zhàopiàn ma?
佐藤 大介： Zuǒténg Dàjiè	是 啊，这 是 我 爸爸。他 是 银行 职员。 Shì a, zhè shì wǒ bàba. Tā shì yínháng zhíyuán.
刘 萌： Liú Méng	你 妈妈 呢？ 这 是 你 妈妈 吗？ Nǐ māma ne? Zhè shì nǐ māma ma?
佐藤 大介： Zuǒténg Dàjiè	不是，是 我 姐姐。这 是 我 妈妈。她 是 中国人。 Bú shì, shì wǒ jiějie. Zhè shì wǒ māma. Tā shì Zhōngguórén.
刘 萌： Liú Méng	哦，中国人 啊！ 是 哪儿 的 人？ Ò, Zhōngguórén a! Shì nǎr de rén?
佐藤 大介： Zuǒténg Dàjiè	是 北京人。她 是 大学 的 汉语 老师。 Shì Běijīngrén. Tā shì dàxué de Hànyǔ lǎoshī.
刘 萌： Liú Méng	你 姐姐 也 是 大学生 吗？ Nǐ jiějie yě shì dàxuéshēng ma?
佐藤 大介： Zuǒténg Dàjiè	对，我们 都 学习 汉语。 Duì, wǒmen dōu xuéxí Hànyǔ.

【ポイント】

059

1 指示代名詞・場所代名詞

	近称	遠称	疑問
指示代名詞	这（这个） zhè(zhège/zhèige)	那（那个） nà(nàge/nèige)	哪（哪个） nǎ(nǎge/něige)
指示代名詞 （複数形）	这些 zhèxiē/zhèixiē	那些 nàxiē/nèixiē	哪些 nǎxiē/něixiē
場所代名詞	这里／这儿 zhèli / zhèr	那里／那儿 nàli / nàr	哪里／哪儿 nǎli / nǎr

解説

・「これを」「あれを」という目的語として使用する時は、“这个 zhège/zhèige”“那个 nàge/nèige”という形になります。

×“我吃这。”

○“我吃这个。Wǒ chī zhège/zhèige.”

・疑問の“哪”は一般に単独では使用せず、“哪个 nǎge/něige”という形で用います。

・“哪里”は「第二声＋軽声」で発音します。

060

2 名詞を修飾する“的 de”（1）

我 的 书　　学校 的 电脑
wǒ de shū　　xuéxiào de diànnǎo

这 是 她 的，那 是 你 的。
Zhè shì tā de, nà shì nǐ de.

我 哥哥 是 公司 职员。
Wǒ gēge shì gōngsī zhíyuán.

那 是 我们 大学。
Nà shì wǒmen dàxué.

解説

・“我哥哥 wǒ gēge”や“我们大学 wǒmen dàxué”の例のように、「人称代名詞」が修飾語となり、家族関係や所属集団などを示す時は、一般に“的 de”を使用しません。

・“汉语老师 Hànyǔ lǎoshī”「中国語の先生」の例のように、“的 de”の前にある名詞が所有関係を表すのではなく、“的 de”の後の名詞の性質や属性（国籍・言語・教科名など）を表している場合は、一般に“的 de”を使用しません。

（例：“中国老师 Zhōngguó lǎoshī”「中国人の先生」、“美国留学生 Měiguó liúxuéshēng”「アメリカ人の留学生」）

061

3 副詞の“也 yě”と“都 dōu”

我 也 买 这个。
Wǒ yě mǎi zhèige.

他们 都 是 一 年级 的 学生。
Tāmen dōu shì yī niánjí de xuésheng.

这 也 不 是 我 的。
Zhè yě bú shì wǒ de.

这些 也 都 是 汉语 词典。
Zhèixiē yě dōu shì Hànyǔ cídiǎn.

解説

・中国語の副詞は原則として、動詞（形容詞）の前に置きます。“我也吃中国菜。Wǒ yě chī Zhōngguócài.”は「私も食べる」「中華料理も食べる」の両方の解釈ができます。

・“也 yě”と“都 dōu”が並ぶ場合は“也都”の語順になります。

【練習問題】

1：指示に従って書いてください。

① 你去（　　）？ — 我去北京。　[空欄に適切な語を入れる]

② 这是我的电脑。　[否定文に改める]

③ 她吃这。　[誤りを正す]

④ 这些是都汉语词典。　[誤りを正す]

⑤ 是　照片　的　我　这　家里人　[並べ替えて句読点を加え文を作る]

⑥ 也　他　汉语　学　[並べ替えて句読点を加え文を作る]

2：次の日本語を中国語に訳してください。

① 彼女も留学生です。

② これはあなたのですか。

③ 私の父は銀行員です。

④ 彼女たちはみな大学生です。

⑤ お父さんの腕時計はこれです。

⑥ これらもみな中国語の辞書です。

062

3：発音を聴いてピンインと簡体字を書いてください。

①ピ：　②ピ：

簡：　簡：

③ピ：　④ピ：

簡：　簡：

⑤ピ：　⑥ピ：

簡：　簡：

4：家族のイラストを描き、写真に見たてて中国語で家族の紹介をしてみましょう（架空でも構いません）。第4課の「親族呼称」も参照してください。

这是我家里人的照片。
这是我（爸爸／妈妈／哥哥／姐姐／弟弟／妹妹）。
他／她是（职员／老师／学生）。

第《Dì》7《qī》课《kè》

CanDo：連絡方法を伝えることができる

063 新出語句

渡边里奈 Dùbiān Lǐnài 固 渡辺里奈（人名）
谁 shéi 代 だれ
手机 shǒujī 名 携帯電話、スマートフォン
陈浩然 Chén Hàorán 固 陳浩然（人名）
谢谢 xièxie ありがとう
不客气 bú kèqi どういたしまして
班 bān 名 クラス
认识 rènshi 動 知り合う、知っている
很 hěn 副 とても
高兴 gāoxìng 形 うれしい
有 yǒu 動 ～を持っている、～がいる、～がある
微信 Wēixìn 固 WeChat（インスタントメッセンジャーアプリ）
怎么 zěnme 代 どのように～
用 yòng 動 使う
app ēipīpī 名 アプリ
非常 fēicháng 副 とても、非常に
方便 fāngbiàn 形 便利だ

* * *

064

铃木 Língmù 固 鈴木（姓）
同学 tóngxué 名 学生、同級生、～君、～さん
面包 miànbāo 名 パン
什么时候 shénme shíhou いつ
来 lái 動 来る
明天 míngtiān 名 明日
要 yào 動 欲しい
字 zì 名 字
念 niàn 動 発音する、音読する
智能手机 zhìnéng shǒujī スマートフォン
没／没有 méi／méiyǒu 動 ～を持っていない、～がない、～がいない
打印机 dǎyìnjī 名 プリンター
朋友 péngyou 名 友だち
校园 xiàoyuán 名 キャンパス
大 dà 形 大きい
北京烤鸭 Běijīng kǎoyā 名 北京ダック
好吃 hǎochī 形 おいしい
难 nán 形 難しい
忙 máng 形 忙しい
特别 tèbié 副 とりわけ、特に
比较 bǐjiào 副 わりと、比較的
北方 běifāng 名 北方
凉快 liángkuai 形 涼しい
南方 nánfāng 名 南方
暖和 nuǎnhuo 形 暖かい

065・066

会話文

渡边 里奈：这 是 谁 的 手机？
Dùbiān Lǐnài　Zhè shì shéi de shǒujī?

陈 浩然：哦，是 我 的，谢谢！
Chén Hàorán　Ò, shì wǒ de, xièxie!

渡边 里奈：不 客气，你 是 哪个 班 的 学生？
Dùbiān Lǐnài　Bú kèqi, nǐ shì něige bān de xuésheng?

陈 浩然：我 是 B班 的，我 叫 陈 浩然。
Chén Hàorán　Wǒ shì B bān de, wǒ jiào Chén Hàorán.

渡边 里奈：我 叫 渡边 里奈，认识 你 很 高兴。
Dùbiān Lǐnài　Wǒ jiào Dùbiān Lǐnài, rènshi nǐ hěn gāoxìng.

陈 浩然：你 有 微信 吗？
Chén Hàorán　Nǐ yǒu Wēixìn ma?

渡边 里奈：微信 是 什么？ 怎么 用？
Dùbiān Lǐnài　Wēixìn shì shénme? Zěnme yòng?

陈 浩然：是 手机 app，非常 方便。
Chén Hàorán　Shì shǒujī ēipīpī, fēicháng fāngbiàn.

【ポイント】

067

1 疑問詞“谁 shéi”“什么 shénme”“哪个 něige”“怎么 zěnme”

这 是 谁 的 手机？—这 是 铃木 同学 的。
Zhè shì shéi de shǒujī? Zhè shì Língmù tóngxué de.

你 吃 什么？ — 我 吃 面包。
Nǐ chī shénme? Wǒ chī miànbāo.

她 什么 时候 来？— 她 明天 来。
Tā shénme shíhou lái? Tā míngtiān lái.

你 要 哪个？ — 我 要 这个。
Nǐ yào něige? Wǒ yào zhèige.

这个 字 怎么 念？ — 这个 字 念 “xiāo”。
Zhèige zì zěnme niàn? Zhèige zì niàn “xiāo”.

宵

解説

・これらの疑問詞を使用する疑問文では、“吗”は使用しません。
・英語の疑問詞疑問文「*wh*- 疑問文」のような語順の変化はありません。
・“什么 shénme”は“什么书 shénme shū”「何の本」のように、“什么＋名詞”でも用いることができます。（例：你叫什么名字？［第５課］）この場合、“的”は使いません。

068

2 所有の“有 yǒu”

她们 都 有 智能 手机。
Tāmen dōu yǒu zhìnéng shǒujī.

我 没（／没有） 打印机。
Wǒ méi (／méiyǒu) dǎyìnjī.

你 有 中国 朋友 吗？
Nǐ yǒu Zhōngguó péngyou ma?

解説

・所有を示す動詞“有 yǒu”の否定形は“没 méi”あるいは“没有 méiyǒu”です（×不有）。

069

3 形容詞述語文 ［主語＋程度副詞＋述語(形容詞)］

我们 的 校园 很 大。
Wǒmen de xiàoyuán hěn dà.

北京 烤鸭 非常 好吃。
Běijīng kǎoyā fēicháng hǎochī.

汉语 不 难。
Hànyǔ bù nán.

你 忙 吗？— 我 很 忙。／我 特别 忙。／
Nǐ máng ma? Wǒ hěn máng. Wǒ tèbié máng.

我 比较 忙。／我 不 忙。
Wǒ bǐjiào máng. Wǒ bù máng.

北方 凉快， 南方 暖和。
Běifāng liángkuai, nánfāng nuǎnhuo.

解説

・形容詞述語文では、一般に“是 shì”は使用しません。程度副詞には“非常 fēicháng”“特别 tèbié”“比较 bǐjiào”などがありますが、とくに程度を強調しない場合は“很 hěn”を使用します。
・否定形と疑問形では、一般に“很”は使用しません。
・“很 hěn”などの副詞を使用せず、形容詞を単独で使用した場合、「対比」のニュアンスが生じます。

【練習問題】

1：指示に従って書いてください。

① 你（　　）去北京？　—　我明天去。　[空欄に適切な疑問詞を入れる]

② 这是（　　）的打印机？　—　这是我的。　[空欄に適切な疑問詞を入れる]

③ 她不有汉语词典。　[誤りを正す]

④ 我姐姐很忙。　[否定文に改める]

⑤ 哪个　用　app　你　[並べ替えて句読点を加え文を作る]

⑥ 也　中国　你　有　朋友　吗　[並べ替えて句読点を加え文を作る]

2：次の日本語を中国語に訳してください。

① この字はどのように発音しますか。

② 私はスマートフォンを持っていません。

③ 私の父はとても忙しいです。

④ あなたと知り合えてうれしいです。

⑤ 北京ダックはおいしいですか。

⑥ 私の携帯電話は便利ではありません。

070

3：発音を聴いてピンインと簡体字を書いてください。

①ピ：＿＿＿＿＿＿＿＿　②ピ：＿＿＿＿＿＿＿＿

簡：＿＿＿＿＿＿＿＿　簡：＿＿＿＿＿＿＿＿

③ピ：＿＿＿＿＿＿＿＿　④ピ：＿＿＿＿＿＿＿＿

簡：＿＿＿＿＿＿＿＿　簡：＿＿＿＿＿＿＿＿

⑤ピ：＿＿＿＿＿＿＿＿　⑥ピ：＿＿＿＿＿＿＿＿

簡：＿＿＿＿＿＿＿＿　簡：＿＿＿＿＿＿＿＿

4：以下を参考にして、自分の名前・クラスと連絡先を友達に伝えてみましょう。

我叫＿＿＿＿＿＿。我是＿＿＿＿班的学生。
Wǒ jiào　Wǒ shì　bān de xuésheng.

我的（微信号 / LINE ID / 电话号码 / 邮箱地址）是＿＿＿＿＿＿。
Wǒ de (wēixìn hào / LINE ID / diànhuà hàomǎ / yóuxiāng dìzhǐ) shì＿＿＿＿＿＿.

071

微信号 Wēixìn hào　WeChat ID/　电话号码 diànhuà hàomǎ　電話番号/　邮箱地址 yóuxiāng dìzhǐ　メールアドレス

第《Dì》8《bā》课《kè》

072

新出語句

李翔 Lǐ Xiáng 固 李翔（人名）
做 zuò 動 作る
鱼香肉丝 yúxiāng ròusī 名 豚の細切り肉のピリ辛炒め
不错 búcuò 形 なかなか良い、悪くない
加藤美铃 Jiāténg Měilíng 固 加藤美鈴（人名）
辣 là 形 辛い
怕 pà 動 ～が苦手である
没问题 méi wèntí 大丈夫だ
不太 bú tài あまり～ではない
那 nà 接 それでは
吧 ba 助 ～しよう（勧誘・命令）、～でしょう（推量・確認）
主食 zhǔshí 名 主食
米饭 mǐfàn 名 ライス、ご飯
还是 háishi 接 ～かそれとも…か
饺子 jiǎozi 名 餃子（主に水餃子を指す）
服务员 fúwùyuán 名（ホテルやレストラン等の）店員、従業員
点菜 diǎncài 離 料理を注文する
请客 qǐngkè 離 おごる、ごちそうする
买单 mǎidān 離（レストラン等で）勘定する
好的 hǎo de 分かりました
一共 yígòng 副 全部で
两 liǎng 数 2、2つ
百 bǎi 数 百
零 líng 数 ゼロ
块 kuài 量 ～元（通貨単位）

*　*　*

073

书包 shūbāo 名（学生の）かばん
初中生 chūzhōngshēng 名 中学生
高中生 gāozhōngshēng 名 高校生
牛奶 niúnǎi 名 牛乳
乌龙茶 wūlóngchá 名 ウーロン茶
千 qiān 数 千
万 wàn 数 万
亿 yì 数 億
多 duō 形 多い
就 jiù 副 ほかならぬ（強調）
最 zuì 副 最も
好 hǎo 形 よい

074・075

会話文

李 翔：我们 吃 什么？ 他们 做 的 鱼香 肉丝 很 不错。
Lǐ Xiáng　Wǒmen chī shénme? Tāmen zuò de yúxiāng ròusī hěn búcuò.

加藤 美铃：鱼香 肉丝？ 辣 不 辣？ 我 怕 辣。
Jiāténg Měilíng　Yúxiāng ròusī? Là bu là? Wǒ pà là.

李 翔：没 问题，不 太 辣。
Lǐ Xiáng　Méi wèntí, bú tài là.

加藤 美铃：那，我们 吃 鱼香 肉丝 吧。要 不 要 主食？
Jiāténg Měilíng　Nà, wǒmen chī yúxiāng ròusī ba. Yào bu yào zhǔshí?

李 翔：要。吃 米饭 还是 吃 饺子？
Lǐ Xiáng　Yào. Chī mǐfàn háishi chī jiǎozi?

加藤 美铃：吃 饺子 吧。服务员，点菜！
Jiāténg Měilíng　Chī jiǎozi ba. Fúwùyuán, diǎncài!

⋮

李 翔：我 请客。服务员，买单！
Lǐ Xiáng　Wǒ qǐngkè. Fúwùyuán, mǎidān!

服务员：好 的。一共 两百 零 二 块。
Fúwùyuán　Hǎo de. Yígòng liǎngbǎi líng èr kuài.

【ポイント】

076

1 反復疑問文、選択疑問文

肯定形＋否定形 ？

这 是不是 你 的 书包?
Zhè shì bu shì nǐ de shūbāo?

你 喝 不 喝 咖啡?
Nǐ hē bu hē kāfēi?

你 忙 不 忙?
Nǐ máng bu máng?

A还是B ？

她 是 初中生 还是 高中生?
Tā shì chūzhōngshēng háishi gāozhōngshēng?

你 喝 牛奶 还是 喝 乌龙茶?
Nǐ hē niúnǎi háishi hē wūlóngchá?

解説

·これらの疑問文では、文末に“吗”を付けません。

·反復疑問文は基本的には“吗”の疑問文と同じ意味ですが、肯定か否定かを聞くニュアンスがあります。

077

2 数詞

一百	二百（＝两百）	一千	二千（＝两千）
yìbǎi	èrbǎi (=liǎngbǎi)	yìqiān	èrqiān (=liǎngqiān)
一万	二万（＝两万）	一亿	
yíwàn	èrwàn (=liǎngwàn)	yíyì	

105	一百 零 五	yìbǎi líng wǔ
111	一百 一十一	yìbǎi yīshiyī
150	一百 五(十)	yìbǎi wǔ (shí)
3500	三千 五(百)	sānqiān wǔ (bǎi)
5060	五千 零 六十	wǔqiān líng liùshí
1005	一千 零 五	yìqiān líng wǔ

解説

·日本語の表現とは違い、「100」、「1000」という数には必ず“一”を付けます。

·最下位の数字がゼロの場合、誤解が生じない限りで最後の単位を省略することが多いです。

·数字の間にゼロがある場合、“零”を入れます。ゼロが２つ以上続く場合も“零”は１つだけです。

078

3 名詞を修飾する“的 de”(2)

学 汉语 的 学生 很 多。
Xué Hànyǔ de xuésheng hěn duō.

她就是我最好的朋友。
Tā jiù shì wǒ zuì hǎo de péngyou.

解説

·動詞また形容詞のフレーズが名詞を修飾する時、一般的に“的”を使用します。

·ただし、形容詞が単音節（漢字１文字）の場合は、“的”を使用しないこともあります。
（例：好朋友 hǎo péngyou）

【練習問題】

1：指示に従って書いてください。

① 学汉语（　　）学生很多。　[空欄に適切な語を入れる]

② 你买智能手机（　　）买打印机?　[空欄に適切な語を入れる]

③ 你是不是中国人吗?　[誤りを正す]

④ 一共三百五块。　[305 元の意味に改める]

⑤ 中国菜　做　好吃　的　她　很　[並べ替えて句読点を加え文を作る]

⑥ 汉语难吗?　[反復疑問文に改める]

2：次の日本語を中国語に訳してください。

① 私がごちそうします。

② あなたは大学生ですか、それとも高校生ですか。

③ 楊さんは私の最も仲の良い友達です。

④ コーヒーを飲む学生はあまり多くない。

⑤ 合計 105 元です。

⑥ あなたは辛いのが苦手ですか。

079

3：発音を聴いてピンインと簡体字を書いてください。

①ピ：　　②ピ：

　簡：　　　簡：

③ピ：　　④ピ：

　簡：　　　簡：

⑤ピ：　　⑥ピ：

　簡：　　　簡：

4：“要一个 Yào yí ge ～”（「～を一つください」、“一个” については次の課で学習）**の後に、第９課［新出語句］の下の “菜单”**（メニュー）**から選んで、食事を注文してみましょう。**

第9课《Dì-jiǔ kè》

081

新出語句

请问 qǐngwèn おたずねしますが～

《蜘蛛侠》Zhīzhūxiá [固]「スパイダーマン」（映画名）

票 piào [名] チケット

多少钱 duōshao qián いくら（値段）

张 zhāng [量] ～枚（広い面を持つものを数える）

售票员 shòupiàoyuán [名] チケット・切符の販売員

几 jǐ [代] いくつ

座位 zuòwèi [名] 座席

中间 zhōngjiān [名] 真ん中

爆米花 bàomǐhuā [名] ポップコーン

和 hé [接] ～と

可乐 kělè [名] コーラ

* * *

082

看 kàn [動] 見る、読む

电影 diànyǐng [名] 映画

刘 Liú [固] 劉（姓）

坐 zuò [動] 座る、（乗り物に）乗る

公共汽车 gōnggòng qìchē バス

上班 shàngbān [離] 出勤する

个 ge [量] ～個、～人

位 wèi [量] ～名（人を数える）

客人 kèrén [名] 来客

本 běn [量] ～冊（書籍等を数える）

纸 zhǐ [名] 紙

床 chuáng [名] ベッド

条 tiáo [量] ～本（細長いものを数える）

鱼 yú [名] 魚

裤子 kùzi [名] ズボン

件 jiàn [量] 衣服（上半身）や事柄等を数える

衣服 yīfu [名] 服

事 shì [名] 事、用事

把 bǎ [量] 取っ手のあるものを数える

椅子 yǐzi [名] 椅子

雨伞 yǔsǎn [名] 雨傘

欢迎光临 huānyíng guānglín いらっしゃいませ

多少 duōshao [代] いくつ、どのくらい

毛衣 máoyī [名] セーター

小朋友 xiǎopéngyǒu [名] 坊や、お嬢ちゃん（子どもへの呼びかけの言葉）

岁 suì [量] ～歳

今年 jīnnián [名] 今年

多大 duō dà 何歳？

080

菜单 càidān

菜 单

棒棒鸡	bàngbàngjī	バンバンジー	炒空心菜	chǎo kōngxīncài	空心菜炒め
皮蛋豆腐	pídàn dòufu	ピータン豆腐	蚝油生菜	háoyóu shēngcài	レタスのオイスターソース炒め
口水鸡	kǒushuǐjī	よだれ鶏			
青椒肉丝	qīngjiāo ròusī	チンジャオロース	酸辣汤	suānlàtāng	スーラータン
回锅肉	huíguōròu	ホイコーロー	肉丸汤	ròuwántāng	肉団子スープ
古老肉	gǔlǎoròu	酢豚	米饭	mǐfàn	ライス
麻婆豆腐	mápó dòufu	マーボー豆腐	饺子	jiǎozi	水餃子
红烧肉	hóngshāoròu	豚の角煮	炒饭	chǎofàn	チャーハン

会話文

加藤　美铃	：	请问，《蜘蛛侠》的 票 多少 钱 一 张？
Jiāténg Měilíng		Qǐngwèn, «Zhīzhūxiá» de piào duōshao qián yì zhāng?
售票员	：	六十 块 一 张。 您 要 几 张？
Shòupiàoyuán		Liùshí kuài yì zhāng. Nín yào jǐ zhāng?
加藤　美铃	：	我 要 两 张。
Jiāténg Měilíng		Wǒ yào liǎng zhāng.
售票员	：	您 要 什么 座位？
Shòupiàoyuán		Nín yào shénme zuòwèi?
加藤　美铃	：	要 中间 的 座位。
Jiāténg Měilíng		Yào zhōngjiān de zuòwèi.
售票员	：	好 的。 一共 一百 二十 块。
Shòupiàoyuán		Hǎo de. Yígòng yìbǎi èrshí kuài.
加藤　美铃	：	谢谢。 李 翔， 这 张 是 你 的。
Jiāténg Měilíng		Xièxie. Lǐ Xiáng, zhèi zhāng shì nǐ de.
李　翔	：	谢谢。 咱们 去 买 爆米花 和 可乐 吧。
Lǐ　Xiáng		Xièxie. Zánmen qù mǎi bàomǐhuā hé kělè ba.

【ポイント】

085

1 連動文 動詞句１＋動詞句２

我们　去　看　中国　电影。
Wǒmen qù kàn Zhōngguó diànyǐng.

刘　老师　坐　公共　汽车　上班。
Liú lǎoshī zuò gōnggòng qìchē shàngbān.

解説

・「連動文」は「動詞句１」が「移動・手段」を、「動詞句２」が「目的」を示し、二つの動作が連なってできています。

086

2 量詞 数詞＋量詞＋名詞

个　一　个　人／字
ge　yí ge rén／zì

位　两　位　客人／老师
wèi　liǎng wèi kèrén／lǎoshī

本　两　本　书／词典
běn　liǎng běn shū／cídiǎn

张　三　张　纸／床
zhāng　sān zhāng zhǐ／chuáng

条　四　条　鱼／裤子
tiáo　sì tiáo yú／kùzi

件　这　件　衣服／事
jiàn　zhèi jiàn yīfu／shì

把　那　把　椅子／雨伞
bǎ　nèi bǎ yǐzi／yǔsǎn

解説

・人や事物の数字を示す時は、「量詞」を使用する必要があります。
・「この～」「あの～」「どの～」という表現は、“这／那／哪（＋数詞）＋量詞＋名詞”の形になります。
・量詞の前の「2」は“二”ではなく、“两”を使用します。
・“这／那／哪”の後ろの“一”が省略され、“zhè/nà/nǎ”と結合したのが“zhèi/nèi/něi”という発音です。

087

3 疑問詞“几 jǐ”“多少 duōshao”

欢迎　光临，你们　几　位？　—　两　位。
Huānyíng guānglín, nǐmen jǐ wèi?　Liǎng wèi.

你们　学校　有　多少　学生？　—　有　两千　个。
Nǐmen xuéxiào yǒu duōshao xuésheng?　Yǒu liǎngqiān ge.

这　件　毛衣　多少　钱？　—　三百　五十　块。
Zhèi jiàn máoyī duōshao qián?　Sānbǎi wǔshí kuài.

小朋友，你　几　岁？　—　五　岁。
Xiǎopéngyǒu, nǐ jǐ suì?　Wǔ suì.

你　今年　多　大？　—　我　今年　十九　岁。
Nǐ jīnnián duō dà?　Wǒ jīnnián shíjiǔ suì.

解説

・“几”は 10 未満を尋ねる時に使います。“多少”は制限はありません。
・“几”は量詞とともに使いますが、“多少”は直接、名詞と結びつきます。
・おおよそ 10 歳以上の年齢を尋ねる場合は、“几岁”ではなく、“多大”を使います。

【練習問題】

1：指示に従って書いてください。

① 我有一（　　）票。　[空欄に適切な量詞を入れる]

② 我有三（　　）雨伞。　[空欄に適切な量詞を入れる]

③ 这条毛衣两百块。　[誤りを正す]

④ 你爸爸今年几岁？　[誤りを正す]

⑤ 汉语　去　我　中国　学　[並べ替えて句読点を加え文を作る]

⑥ 学校　两千　我们　有　学生　个　[並べ替えて句読点を加え文を作る]

2：次の日本語を中国語に訳してください。

① この辞書はいくらですか。

② あなたは何着のズボンを持っていますか。

③ バスに乗って学校に来てください。

④ 私たちは映画を見に行きましょう。

⑤ あなたたちの大学にはどれくらいの学生がいますか。

⑥ あの椅子は誰のですか。

088

3：発音を聴いてピンインと簡体字を書いてください。

①ピ：＿＿＿＿＿＿＿＿　②ピ：＿＿＿＿＿＿＿＿

簡：＿＿＿＿＿＿＿＿　簡：＿＿＿＿＿＿＿＿

③ピ：＿＿＿＿＿＿＿＿　④ピ：＿＿＿＿＿＿＿＿

簡：＿＿＿＿＿＿＿＿　簡：＿＿＿＿＿＿＿＿

⑤ピ：＿＿＿＿＿＿＿＿　⑥ピ：＿＿＿＿＿＿＿＿

簡：＿＿＿＿＿＿＿＿　簡：＿＿＿＿＿＿＿＿

4：会話文を参考に、２人１組で映画館の販売員と客になりきって会話をしてみましょう。

Dì-shí kè 第10课

089 新出語句

李一诚 Lǐ Yīchéng 固 李一誠（人名）
规模 guīmó 名 規模
真 zhēn 副 本当に、実に
有 yǒu 動 ある、いる（存在を表す）
栋 dòng 量 ～棟（家屋、建物を数える）
教学楼 jiàoxuélóu 名 教室棟、校舎
第 dì 接頭 第、～番目
广冈莉子 Guǎnggāng Lìzǐ 固 広岡莉子（人名）
你看 nǐ kàn ほら、見て（相手の注意を引く表現）
旁边(儿) pángbiān(r) 方 横、隣
图书馆 túshūguǎn 名 図書館
后边(儿) hòubian(r) 方 後ろ、後ろの方
车站 chēzhàn 名 駅、バス停
听说 tīngshuō 動（聞くところによると）～だそうだ、（～と）聞いている
日本 Rìběn 固 日本
一般 yìbān 副 普通は、一般的には
住 zhù 動 住む
里面(儿) lǐmiàn(r) 方 中、内側
是吗 shì ma そうなんですか、～なんですか
欸 éi 感 ねえ、あれ（問いかけ）
一起 yìqǐ 副 一緒に
食堂 shítáng 名 食堂
吃饭 chīfàn 離 食事をする
怎么样 zěnmeyàng 代（～しては）どうですか？（相手を誘う気持）
好 hǎo 形 はい、よし（相手に対する返答。単独で用いる）
在 zài 動 ある、いる（存在を表す）
这边(儿) zhèbian(r)/zhèibian(r) 代 こっち
来 lái 動 ～しよう（他の動詞の前に置いて、積極的に行おうとする気持を示す）

* * *

090

姥姥 lǎolao 名 母方の祖母
身体 shēntǐ 名 身体、（身体の）健康・具合
重庆 Chóngqìng 固 重慶（地名）
夏天 xiàtiān 名 夏
热 rè 形 暑い、熱い
学习 xuéxí 名 勉強
认真 rènzhēn 形 真面目だ
上边(儿) shàngbian(r) 方 上、上の方
上面(儿) shàngmiàn(r) 方 上、上の方
下边(儿) xiàbian(r) 方 下、下の方
下面(儿) xiàmiàn(r) 方 下、下の方
前边(儿) qiánbian(r) 方 前、先、前方
前面(儿) qiánmiàn(r) 方 前、先、前方
后面(儿) hòumiàn(r) 方 後ろ、後方
左边(儿) zuǒbian(r) 方 左の方、左側
左面(儿) zuǒmiàn(r) 方 左の方、左側
右边(儿) yòubian(r) 方 右の方、右側
右面(儿) yòumiàn(r) 方 右の方、右側
里边(儿) lǐbian(r) 方 中、内側
外边(儿) wàibian(r) 方 外、外側
外面(儿) wàimiàn(r) 方 外、外側
东边(儿) dōngbian(r) 方 東、東の方、東側
东面(儿) dōngmiàn(r) 方 東、東の方、東側
南边(儿) nánbian(r) 方 南、南の方、南側
南面(儿) nánmiàn(r) 方 南、南の方、南側
西边(儿) xībian(r) 方 西、西の方、西側
西面(儿) xīmiàn(r) 方 西、西の方、西側
北边(儿) běibian(r) 方 北、北の方、北側
北面(儿) běimiàn(r) 方 北、北の方、北側
对面(儿) duìmiàn(r) 方 向かい側
那边(儿) nàbian(r)/nèibian(r) 代 あっち
哪边(儿) nǎbian(r)/něibian(r) 代 どっち
桌子 zhuōzi 名 机、テーブル
上 shang 方 上、上の方
白板 báibǎn 名 ホワイトボード
里 li 方 中、内側
笔记本 bǐjìběn 名 ノート
赵 Zhào 固 趙（姓）
办公室 bàngōngshì 名 事務室、オフィス
知道 zhīdào 動 知る、分かる
对不起 duìbuqǐ ごめんなさい
家 jiā 名 家
公园 gōngyuán 名 公園
便利店 biànlìdiàn 名 コンビニエンスストア

091・092

会話文

李 一诚：学校 规模 真 大 啊！有 几 栋 教学楼？
Lǐ Yīchéng: Xuéxiào guīmó zhēn dà a! Yǒu jǐ dòng jiàoxuélóu?

广冈 莉子：有 八 栋。你 看，这 栋 是“第四 教学楼”。
Guǎnggāng Lìzǐ: Yǒu bā dòng. Nǐ kàn, zhèi dòng shì "Dì-sì Jiàoxuélóu".

李 一诚：“第四 教学楼”旁边儿 的 是 什么？
Lǐ Yīchéng: "Dì-sì Jiàoxuélóu" pángbiānr de shì shénme?

广冈 莉子：那 是 图书馆。图书馆 后边儿 有 车站。
Guǎnggāng Lìzǐ: Nà shì túshūguǎn. Túshūguǎn hòubianr yǒu chēzhàn.

李 一诚：听说 日本 的 大学生 一般 不 住 学校 里面，是 吗？
Lǐ Yīchéng: Tīngshuō Rìběn de dàxuéshēng yìbān bú zhù xuéxiào lǐmiàn, shì ma?

广冈 莉子：是。欸，我们 一起 去 食堂 吃饭，怎么样？
Guǎnggāng Lìzǐ: Shì. Éi, wǒmen yìqǐ qù shítáng chīfàn, zěnmeyàng?

李 一诚：好 啊！食堂 在 哪儿？
Lǐ Yīchéng: Hǎo a! Shítáng zài nǎr?

广冈 莉子：在 这边儿。我 来 请客。
Guǎnggāng Lìzǐ: Zài zhèibianr. Wǒ lái qǐngkè.

【ポイント】

093
1 主述述語文

主　語 ＋ 述　語
主語＋述語

我 姥姥 身体 很 好。
Wǒ lǎolao shēntǐ hěn hǎo.

重庆 夏天 非常 热。
Chóngqìng xiàtiān fēicháng rè.

广冈 同学 学习 不 认真。
Guǎnggāng tóngxué xuéxí bú rènzhēn.

解説

·「主述述語文」は「～は…が－である」という文型です。

094
2 方位詞

	上 shàng	下 xià	前 qián	后 hòu	左 zuǒ	右 yòu	里 lǐ	外 wài	东 dōng	南 nán	西 xī	北 běi	旁 páng	对 duì
边(儿) bian(r)	○	○	○	○	○	○	○	○	○	○	○	○	○*	×
面(儿) miàn(r)	○	○	○	○	○	○	○	○	○	○	○	○	×	○

095
3 存在の“在 zài”と“有 yǒu”

人・物＋“在”＋場所　「…は～にいる／ある」

你 的 笔记本 都 在 桌子 上。
Nǐ de bǐjìběn dōu zài zhuōzi shang.

赵 老师 不 在 这儿。
Zhào lǎoshī bú zài zhèr.

请问，办公室 在 哪儿？
Qǐngwèn, bàngōngshì zài nǎr?

— 我 不 知道，对不起。
Wǒ bù zhīdào, duìbuqǐ.

場所＋“有”＋人·物　「～に…がいる／ある」

我 家 旁边儿 有 一 个 公园。
Wǒ jiā pángbiānr yǒu yí ge gōngyuán.

校园 里 没有 便利店。
Xiàoyuán li méiyǒu biànlìdiàn.

教室 里 有 多少 学生？
Jiàoshì li yǒu duōshao xuésheng?

— 教室 里 有 二十五 个 学生。
Jiàoshì li yǒu èrshiwǔ ge xuésheng.

解説

·方位詞は名詞の後ろに直接つけて、その名詞を場所的な表現にすることができます。
·一般に単独では使用せず、後ろに“边(儿)bian(r)”や“面(儿)miàn(r)”を付けます。ただし“上shang”と“里li”は、単独で名詞の後ろに置けます。
（例：“桌子上zhuōzi shang”“白板上báibǎn shang”“书包里 shūbāo li”“教室里 jiàoshì li”）
＊“旁边儿 pángbiānr”だけは、“边儿 biānr”を第一声で発音します。

解説

·話者が相手に最も伝えたい語句を後ろに置きます。“在 zài”は「場所」が、“有 yǒu”は「人・事物」が伝えたいことで、それぞれ後ろに置かれます。

【練習問題】

1：指示に従って書いてください。

① 学校前边儿（　　）公园。　［空欄に“在”か“有”を入れる］

② 我姐姐（　　）北京。　［空欄に“在”か“有”を入れる］

③ 桌子上（　　）两本书。　［空欄に“在”か“有”を入れる］

④ 银行在车站东。　［誤りを正す］

⑤ 很　学生　多　我们大学　［並べ替えて句読点を加え文を作る］

⑥ 我家　右边儿　便利店　有　［並べ替えて句読点を加え文を作る］

2：次の日本語を中国語に訳してください。

① 図書館の後ろに校舎があります。

② 大学の中にコンビニはありません。

③ 私の兄はアメリカではなく、中国にいます。

④ 私たちは一緒にご飯を食べに行きましょう、どうですか。

⑤ 聞くところによると、北京は夏が非常に暑いそうです。

⑥ 事務室の中に何人いますか。

096

3：発音を聴いてピンインと簡体字を書いてください。

①ピ：＿＿＿＿＿＿＿＿

簡：＿＿＿＿＿＿＿＿

②ピ：＿＿＿＿＿＿＿＿

簡：＿＿＿＿＿＿＿＿

③ピ：＿＿＿＿＿＿＿＿

110 簡：＿＿＿＿＿＿＿＿

④ピ：＿＿＿＿＿＿＿＿

簡：＿＿＿＿＿＿＿＿

⑤ピ：＿＿＿＿＿＿＿＿

簡：＿＿＿＿＿＿＿＿

⑥ピ：＿＿＿＿＿＿＿＿

簡：＿＿＿＿＿＿＿＿

＊餐厅 cāntīng 名 レストラン

4：会話文を参考に、2人1組で一方が相手に中国語で大学のキャンパスを案内してみましょう。

Dì-shíyī kè 第11课

CanDo：時間をたずねることができる

101 **新出語句**

刘敏 Liú Mǐn [固] 劉敏（人名）
现在 xiànzài [名] いま、現在
点 diǎn [量] ～時
竹内和也 Zhúnèi Héyě [固] 竹内和也（人名）
半 bàn [数] ～半、30分
今天 jīntiān [名] 今日
晚上 wǎnshang [名] 夜
做 zuò [動] する、行う
在 zài [前] ～で
每天 měi tiān 毎日
小时 xiǎoshí [名] ～時間
大概 dàgài [副] だいたい
跟 gēn [前] ～と
给 gěi [前] ～に
打电话 dǎ diànhuà 電話をする

* * *

102
横滨 Héngbīn [固] 横浜（地名）
工作 gōngzuò [動] 働く
大衣 dàyī [名] コート
孩子 háizi [名] 子供
们 men [接尾] ～たち（人称代名詞や人をさす名詞の後につけて複数を表す）
奥林匹克 Àolínpǐkè [固] オリンピック
前天 qiántiān [名] おととい
昨天 zuótiān [名] きのう
后天 hòutiān [名] あさって
前年 qiánnián [名] おととし
去年 qùnián [名] 去年
明年 míngnián [名] 来年
后年 hòunián [名] 再来年
分 fēn [量] ～分
刻 kè [量] 15分
早上 zǎoshang [名] 朝
上午 shàngwǔ [名] 午前
中午 zhōngwǔ [名] 昼
下午 xiàwǔ [名] 午後
月 yuè [名] ～月、～ヶ月
号 hào [量] ～日
生日 shēngrì [名] 誕生日
星期 xīngqī [名] ～曜日、週、～週間
星期天 xīngqītiān [名] 日曜日
上个 shàng ge 先～、前の～
下个 xià ge 来～、次の～
玩儿 wánr [動] 遊ぶ
发 fā [動] 送る
为什么 wèi shénme なぜ、どうして
礼拜 lǐbài [名] ～曜日、週、～週間
周 zhōu [名] ～曜日、週、～週間
天 tiān [量] ～日間
年 nián [量] ～年、～年間
分钟 fēnzhōng [量] ～分間
电视 diànshì [名] テレビ
多长时间 duō cháng shíjiān どれだけの時間

103・104

会話文

刘　敏：现在 几 点？
Liú Mǐn　Xiànzài jǐ diǎn?

竹内 和也：现在 五 点 半。
Zhúnèi Héyě　Xiànzài wǔ diǎn bàn.

刘　敏：你 今天 晚上 做 什么？
Liú Mǐn　Nǐ jīntiān wǎnshang zuò shénme?

竹内 和也：我 在 图书馆 学 汉语。
Zhúnèi Héyě　Wǒ zài túshūguǎn xué Hànyǔ.

刘　敏：你 真 认真！ 你 每 天 学 几 个 小时 汉语？
Liú Mǐn　Nǐ zhēn rènzhēn! Nǐ měi tiān xué jǐ ge xiǎoshí Hànyǔ?

竹内 和也：大概 四 个 小时。
Zhúnèi Héyě　Dàgài sì ge xiǎoshí.

刘　敏：是 吗？ 今天 晚上 我 跟 你 一起 学习 吧。
Liú Mǐn　Shì ma? Jīntiān wǎnshang wǒ gēn nǐ yìqǐ xuéxí ba.

竹内 和也：好 啊，我 晚上 给 你 打 电话。
Zhúnèi Héyě　Hǎo a, wǒ wǎnshang gěi nǐ dǎ diànhuà.

【ポイント】

105

1 前置詞（1）“在 zài”“跟 gēn”“给 gěi”

前置詞＋名詞／代名詞＋動詞句

我 哥哥 在 横滨 工作。
Wǒ gēge zài Héngbīn gōngzuò.

我 哥哥 不 在 横滨 工作。
Wǒ gēge bú zài Héngbīn gōngzuò.

我 给 我 妈妈 买 一 件 大衣。
Wǒ gěi wǒ māma mǎi yí jiàn dàyī.

我 跟 孩子们 一起 去 奥林匹克 公园。
Wǒ gēn háizimen yìqǐ qù Àolínpǐkè gōngyuán.

解説

・“在 zài” には、動詞の意味「ある、いる」以外に、前置詞の「～で」という意味の用法があります。
・否定形は前置詞の前に “不” を置きます。
・「前置詞＋名詞／代名詞」の前置詞句を動詞の後ろに置かないようにしましょう。
（×我一起去奥林匹克公园跟孩子们。）

106

2 時点

前天 qiántiān　昨天 zuótiān　今天 jīntiān　明天 míngtiān　后天 hòutiān

前年 qiánnián　去年 qùnián　今年 jīnnián　明年 míngnián　后年 hòunián

一 点
yì diǎn

两 点 （零） 二 分
liǎng diǎn (líng) èr fēn

三 点 一 刻
sān diǎn yí kè

五 点 半
wǔ diǎn bàn

十二点 四十五 分
shí'èr diǎn sìshiwǔ fēn

早上 zǎoshang　上午 shàngwǔ　中午 zhōngwǔ　下午 xiàwǔ　晚上 wǎnshang

每 天
měi tiān

现在
xiànzài

一月 一 号
yīyuè yī hào

二月 二 号
èryuè èr hào

你 的 生日 几月 几 号？
Nǐ de shēngrì jǐyuè jǐ hào?

解説

・「時点（年月日、曜日、時刻など）」を示す語は、主語の前の文頭に置くこともあります。
・曜日は“礼拜 lǐbài－”や“周 zhōu －”も使用します。

2023

1月

日	一	二	三	四	五	六
1	2	3	4	5	6	7
8	9	10	11	12	13	14
15	16	17	18	19	20	21
22	23	24	25	26	27	28
29	30	31				

2月

日	一	二	三	四	五	六
			1	2	3	4
5	6	7	8	9	10	11
12	13	14	15	16	17	18
19	20	21	22	23	24	25
26	27	28				

星期一　星期二　…星期六　星期天（星期日）
xīngqīyī　xīngqī’èr　xīngqīliù　xīngqītiān (xīngqīrì)

明天　星期　几？
Míngtiān　xīngqī　jǐ?

上（个）星期　下（个）星期　这（个）星期
shàng (ge) xīngqī　xià (ge) xīngqī　zhè/zhèi(gc) xīngqī

上　个　月　下　个　月　这　个　月
shàng ge yuè　xià ge yuè　zhè/zhèi ge yuè

主語＋時点＋動詞

她　下午　两　点　来　我　家　玩儿。
Tā xiàwǔ liǎng diǎn lái wǒ jiā wánr.

我　晚上　给　铃木　发　微信。
Wǒ wǎnshang gěi Língmù fā Wēixìn.

你　为　什么　后天　不　去　学校？
Nǐ wèi shénme hòutiān bú qù xuéxiào?

107

3 時量

一　天　两　天　一　个　星期　两　个　星期
yì tiān　liǎng tiān　yí ge xīngqī　liǎng ge xīngqī

一　个　月　两　个　月　一　年　两　年
yí ge yuè　liǎng ge yuè　yì nián　liǎng nián

两　分钟　十　分钟　半　个　小时
liǎng fēnzhōng　shí fēnzhōng　bàn ge xiǎoshí

一　个　小时　两　个　半　小时
yí ge xiǎoshí　liǎng ge bàn xiǎoshí

主語＋動詞+時量（＋目的語）

我　每　天　看　两　个　小时　电视。
Wǒ měi tiān kàn liǎng ge xiǎoshí diànshì.

解説

・ある動作・行為がどれだけ行われるのかという「時量（時間の長さ）」を示す語は、動詞の後、目的語の前に置かれます。
（×我每天一个小时看电视。
×我每天看电视一个小时。）
・「どれだけの時間？」という時量を尋ねる時には、“多长时间？ duō cháng shíjiān?” を使います。

108

[中国の祝祭日]

1月1日	元旦	Yuándàn
1月下旬～2月中旬（旧暦1月1日）	*春节	Chunjié
2月頃（旧暦1月15日）	*元宵节	Yuánxiāojié
2月14日	情人节	Qíngrénjié
3月8日	妇女节	Fùnǚjié
4月4日～6日	*清明节	Qīngmíngjié
5月1日	劳动节	Láodòngjié
6月1日	儿童节	Értóngjié
6月頃（旧暦5月5日）	*端午节	Duānwǔjié
8月頃（旧暦7月7日）	*七夕	Qīxī
9月頃（旧暦8月15日）	*中秋节	Zhōngqiūjié
10月1日	国庆节	Guóqìngjié
12月25日	圣诞节	Shèngdànjié

※　一覧表の中で、法定の休日となるのは、“元旦”“春节”“清明节”“劳动节”“端午节”“中秋节”“国庆节”です。＊の印があるものは、中国の伝統的な祝祭日で、旧暦（陰暦）に基づきます。

【練習問題】

1：指示に従って書いてください。

① 我姐姐（　　）中国学汉语。　　[空欄に適切な前置詞を入れる]

② 今天晚上我（　　）朋友一起吃饭。　　[空欄に適切な前置詞を入れる]

③ 我一个小时看电视每天。　　[誤りを正す]

④ 我今天下午看书在图书馆。　　[誤りを正す]

⑤ 什么　上午　做　你　明天　　[並べ替えて句読点を加え文を作る]

⑥ 明天　你　电话　打　给　我　　[並べ替えて句読点を加え文を作る]

2：次の日本語を中国語に訳してください。

① 今何時ですか。

② あなたは日曜日に誰とご飯を食べに行きますか。

③ あなたは何時に私の家に来ますか。

④ 私は毎日２時間中国語を勉強します。

⑤ 私は土曜日は８時間働きます。

⑥ あなたはどこでコートを買いますか。

109

3：発音を聴いてピンインと簡体字を書いてください。

①ピ：＿＿＿＿＿＿＿＿　②ピ：＿＿＿＿＿＿＿＿

簡：＿＿＿＿＿＿＿＿　簡：＿＿＿＿＿＿＿＿

③ピ：＿＿＿＿＿＿＿＿　④ピ：＿＿＿＿＿＿＿＿

簡：＿＿＿＿＿＿＿＿　簡：＿＿＿＿＿＿＿＿

⑤ピ：＿＿＿＿＿＿＿＿　⑥ピ：＿＿＿＿＿＿＿＿

簡：＿＿＿＿＿＿＿＿　簡：＿＿＿＿＿＿＿＿

4：２人１組になって、①現在時刻、②今晩何を食べるか、③毎日何時間勉強しているか、④明日何時に学校に行くかをお互いに中国語で質問して答えましょう。

第12课《Dì - shí'èr kè》

CanDo：簡単なスピーチができる

110 新出語句

大家好 dàjia hǎo みなさん、こんにちは

了 le 助 ～になる、～になった／～してしまう、～した

开始 kāishǐ 動 始める、始まる

中文 Zhōngwén 固 中国語

已经 yǐjīng 副 すでに、もう

半年 bànnián 名 半年

还 hái 副 まだ、やはり、その上

没(／没有) méi(／méiyou) 副 ～していない、～しなかった（完了の"了"の否定）

时候 shíhou 名 時

以为 yǐwéi 動 ～と思い込む

容易 róngyì 形 簡単だ、やさしい

后来 hòulái 名 その後

发现 fāxiàn 動 気付く

发音 fāyīn 名 発音

太～了 tài～le とても～、あまりにも～

比如说 bǐrú shuō 例えば

每个 měi ge 毎～

上课 shàngkè 離 授業を受ける、授業をする

上 shàng 動（授業に）出る、（学校に）通う

节 jié 量 ～コマ（授業などいくつかの区切りに分けられるものを数える）

课 kè 名 授業

但是 dànshì 接 しかし

音 yīn 名 音

掌握 zhǎngwò 動 身につける、マスターする

以前 yǐqián 方 ～する前、～より前

英文 Yīngwén 固 英語

主要 zhǔyào 主に

语法 yǔfǎ 名 文法

翻译 fānyì 動 翻訳する、通訳する

觉得 juéde 動 ～と感じる、～と思う

可能 kěnéng 副 おそらく、～かもしれない

经历 jīnglì 名 経歴、経験、動 経験する

关系 guānxi 名 関係

今后 jīnhòu 名 今後、これから

一定 yídìng 副 きっと、必ず

努力 nǔlì 形 一生懸命である

请 qǐng 動 どうぞ～、頼む

大家 dàjiā 名 みなさん

多多指教 duōduō zhǐjiào ご指導をお願いします

* * *

111 女朋友 nǚpéngyou 名 ガールフレンド、彼女

肚子 dùzi 名 おなか

饿 è 形 おなかが減っている

爷爷 yéye 名 父方の祖父

生病 shēngbìng 離 病気になる

包子 bāozi 名 中華まん

丈夫 zhàngfu 名 夫

上海 Shànghǎi 固 上海（地名）

午饭 wǔfàn 名 昼ご飯

药 yào 名 薬

见面 jiànmiàn 離 会う

王 Wáng 固 土（姓）

帮忙 bāngmáng 離 手伝う、助ける

112・113

スピーチ

大家 好！我 叫 渡边 里奈。我 现在 是 大学生 了。
Dàjiā hǎo! Wǒ jiào Dùbiān Lǐnài. Wǒ xiànzài shì dàxuéshēng le.

今年 四月 开始 学 中文，已经 学了 半年 了。
Jīnnián sìyuè kāishǐ xué Zhōngwén, yǐjīng xuéle bànnián le.

还 没 开始 学习 的 时候，我 以为 学 中文 很
Hái méi kāishǐ xuéxí de shíhou, wǒ yǐwéi xué Zhōngwén hěn

容易。后来 我 发现，中文 发音 太 难 了。比如 说，我
róngyì. Hòulái wǒ fāxiàn, Zhōngwén fāyīn tài nán le. Bǐrú shuō, wǒ

每 个 星期 上 三 节 课，但是“课”字 的 e 的 音，现在
měi ge xīngqī shàng sān jié kè, dànshì “kè” zì de e de yīn, xiànzài

也 没有 掌握。
yě méiyou zhǎngwò.

上 大学 以前，我 学了 六 年 英文，但是 学 的
Shàng dàxué yǐqián, wǒ xuéle liù nián Yīngwén, dànshì xué de

主要 是 语法 和 翻译。我 觉得 中文 发音 很 难，这
zhǔyào shì yǔfǎ hé fānyì. Wǒ juéde Zhōngwén fāyīn hěn nán, zhè

可能 跟 我 的 这个 学习 英文 的 经历 也 有 关系。
kěnéng gēn wǒ de zhèige xuéxí Yīngwén de jīnglì yě yǒu guānxi.

今后 我 一定 努力 学习 中文，请 大家 多多 指教！
Jīnhòu wǒ yídìng nǔlì xuéxí Zhōngwén, qǐng dàjiā duōduō zhǐjiào!

【ポイント】

114
1 変化の“了 le” 文(語句)＋“了”

现在 几 点 了？
Xiànzài jǐ diǎn le?

他 有 女朋友 了。
Tā yǒu nǚpéngyou le.

我 肚子 饿 了。
Wǒ dùzi è le.

我 爷爷 生病 了。
Wǒ yéye shēngbìng le.

解説

・文末に置き、新しい事態の発生・状況の変化（に気づいたこと）を示します。

115
2 完了の“了 le” 動詞＋“了”

他 吃了 三 个 包子。
Tā chīle sān ge bāozi.

我 昨天 学了 两 个 小时 汉语。
Wǒ zuótiān xuéle liǎng ge xiǎoshí Hànyǔ.

我 丈夫 在 上海 住了 两 年（了）。
Wǒ zhàngfu zài Shànghǎi zhùle liǎng nián (le).

他 来 了 吗？— 来 了。／没（／没有）来。
Tā lái le ma? Lái le. Méi (／Méiyou) lái.

我 还 没 吃 午饭。
Wǒ hái méi chī wǔfàn.

動詞＋“了”＋目的語(修飾語なし)＋“了”

我 吃了 药 了。（我 吃 药 了。）
Wǒ chīle yào le. （Wǒ chī yào le. ）

解説

・動詞の直後に置き、動作の完了・実現を示します。
・時量を示す語句を用いる場合、“動詞＋了＋時量”は「完了」、“動詞＋了＋時量＋了”は「継続」を表します。
・否定は“没（／没有）méi (／méiyou) ＋動詞”です。“有”は軽声になりますが、原調の第三声でも構いません。一般的な否定の“不 bù”との使い分けに注意しましょう。
・“已经～了 yǐjīng ～ le”「すでに～した」、“还没（／没有）～ hái méi (／méiyou) ～”「まだ～していない」の形がよく用いられます。

116
3 離合動詞

见面 — 跟 王 老师 见面（×见面王老师）
jiànmiàn gēn Wáng lǎoshī jiànmiàn

帮忙 — 帮 她 的 忙 （×帮忙她）
bāngmáng bāng tā de máng

上课 — 上 两 节 课（×上课两节）
shàngkè shàng liǎng jié kè

解説

・「動詞＋目的語」構造の二音節（漢字二文字）からなる動詞を離合動詞と言います。離合動詞がさらに目的語を続けて取ることはできません。
・動詞に助詞が付いたり、目的語に修飾語が付いたりすると、「動詞＋目的語」が分離します。

【練習問題】

1：指示に従って書いてください。

① 这可能（　　）他有关系。　[空欄に適切な語を入れる]

② 三年　学　汉语　了　我　[並べ替えて句読点を加え文を作る]

③ 住　北京　我　四年　在　了　了　[並べ替えて句読点を加え文を作る]

④ 山田有女朋友。　[文中の適切な位置に“了”を入れる]

⑤ 还　词典　我　买　没　[並べ替えて句読点を加え文を作る]

⑥ 我明天下午见面铃木。　[誤りを正す]

2：次の日本語を中国語に訳してください。

① 私はすでに3ヶ月中国語を勉強しています。

② 私たちは毎週2コマの英語の授業を受けています。

③ 彼はすでにご飯を食べました。

④ 彼女は昨日来ませんでした。

⑤ 私はアメリカに2年間住んでいました。

⑥ これから私は必ず一生懸命中国語を勉強しますので、みなさんどうぞご指導をお願いします。

117

3：発音を聴いてピンインと簡体字を書いてください。

①ピ：　　②ピ：

簡：　　簡：

③ピ：　　④ピ：

簡：　　簡：

⑤ピ：　　⑥ピ：

簡：　　簡：

4：自分の中国語の学習状況とレベルについて、簡単なスピーチをしてみましょう。

Dì - shísān kè 第13课

118 新出語句

村井莉加 Cūnjǐng Lìjiā 固 村井莉加（人名）

喂 wéi 感 もしもし（電話の呼びかけ）

杨泰龙 Yáng Tàilóng 固 楊泰龍（人名）

想 xiǎng 助動 ～したい

京剧 Jīngjù 名 京劇

过 guo 助 ～したことがある

梨园剧场 Líyuán Jùchǎng 固 梨園劇場（北京の劇場の名前）

次 cì 量 ～回

离 lí 前 ～から、～まで

北大 Běi Dà 固 北京大学の略称

远 yuǎn 形 遠い

虎坊桥 Hǔfāngqiáo 固 虎坊橋（北京の地名）

地铁 dìtiě 名 地下鉄

从 cóng 前 ～から

到 dào 前 ～まで

走 zǒu 動 行く、歩く

先 xiān 副 まず、先に

四号线 Sìhào Xiàn 固 ４号線（地下鉄の路線名）

然后 ránhòu 接 それから、その後

菜市口 Càishìkǒu 固 菜市口（北京の地名）

站 zhàn 名 駅、バス停

换 huàn 動 乗り換える

七号线 Qīhào Xiàn 固 ７号線（地下鉄の路線名）

站 zhàn 量 ～駅（駅の数を数える）

就 jiù 副 ～ならば…する（前の条件を受けて結論を表す）

到 dào 動 着く、到着する

挂 guà 動（電話を）切る

＊　＊　＊

119

没（/没有）～过 méi(/méiyou)～guo ～したことがない（“过”の否定）

从来 cónglái 副 いままで、これまで

说 shuō 動 言う、話す

涮羊肉 shuànyángròu 名 羊肉のしゃぶしゃぶ

要 yào 助動 ～したい、～するつもりだ、～しなければならない

打工 dǎgōng 離 アルバイトする

国外 guówài 名 国外、海外

不想 bù xiǎng ～したくない

考试 kǎoshì 名 試験、動 試験をする、試験を受ける

不用 bú yòng ～する必要はない

不要 bú yào ～してはいけない

别 bié 副 ～してはいけない

先生 xiānsheng 名（男性に対する敬称）～さん

大阪 Dàbǎn 固 大阪（地名）

要 yào 動 必要とする、かかる

机场 jīchǎng 名 空港

近 jìn 形 近い

暑假 shǔjià 名 夏休み

超市 chāoshì 名 スーパーマーケット

一直 yìzhí 副 まっすぐに

往 wǎng 前 ～に向かって、～の方へ

北 běi 方 北、北側

会話文

村井　莉加：喂，你 好！是 杨 泰龙 吗？ 我 是 村井。
Cūnjǐng Lìjiā　Wéi, nǐ hǎo! Shì Yáng Tàilóng ma? Wǒ shì Cūnjǐng.

杨　泰龙：哦，你 好！有 什么 事？
Yáng Tàilóng　Ò, nǐ hǎo! Yǒu shénme shì?

村井　莉加：我 想 去 看 京剧。 你 看过 吗？
Cūnjǐng Lìjiā　Wǒ xiǎng qù kàn Jīngjù. Nǐ kànguo ma?

杨　泰龙：我 在 梨园 剧场 看过 一 次。
Yáng Tàilóng　Wǒ zài Líyuán Jùchǎng kànguo yí cì.

村井　莉加：梨园 剧场 在 哪儿？ 离 北 大 远 吗？
Cūnjǐng Lìjiā　Líyuán Jùchǎng zài nǎr? Lí Běi Dà yuǎn ma?

杨　泰龙：不 太 远。 在 虎坊桥。
Yáng Tàilóng　Bú tài yuǎn. Zài Hǔfāngqiáo.

村井　莉加：从 北 大 到 虎坊桥 坐 地铁 怎么 走？
Cūnjǐng Lìjiā　Cóng Běi Dà dào Hǔfāngqiáo zuò dìtiě zěnme zǒu?

杨　泰龙：你 先 坐 四号 线，然后 在 菜市口 站 换
Yáng Tàilóng　Nǐ xiān zuò Sìhào Xiàn, ránhòu zài Càishìkǒu zhàn huàn

七号 线，坐 一 站 就 到。
Qīhào Xiàn, zuò yí zhàn jiù dào.

村井　莉加：谢谢。 我 挂 了 啊，再见！
Cūnjǐng Lìjiā　Xièxie. Wǒ guà le a, zàijiàn!

【ポイント】

122

1 経験の“过 guo” 動詞＋“过”

你 看过 京剧 吗？— 看过。／没有 看过。
Nǐ kànguo Jīngjù ma? Kànguo. Méiyou kànguo.

你 去过 几 次 北京？— 我 去过 两 次。
Nǐ qùguo jǐ cì Běijīng? Wǒ qùguo liǎng cì.

这 件 事，我 从来 没有 跟 她 说过。
Zhèi jiàn shì, wǒ cónglái méiyou gēn tā shuōguo.

解説

・「～したことがない」という否定形は、“没（／没有）méi (Méiyou／méiyǒu)＋動詞＋过 guo” となります。
・動作の回数を示す「～回」という表現は “～次 cì” となります。（例：“一次 yí cì”「1回」“两次 liǎng cì”「2回」“几次 jǐ cì”「何回」。）経験を示す “过 guo” とよくセットで使われ、“動詞＋过 guo ＋回数＋目的語” という語順になります。

123

2 助動詞（1）“想 xiǎng”“要 yào”

助動詞＋（前置詞句）＋動詞句

我 想 吃 涮羊肉。
Wǒ xiǎng chī shuànyángròu.

我 要 打工。
Wǒ yào dǎgōng.

你 想 不 想 在 国外 工作？
Nǐ xiǎng bu xiǎng zài guówài gōngzuò?

明天 没有 考试，不 用 去 学校。
Míngtiān méiyǒu kǎoshì, bú yòng qù xuéxiào.

上课 的 时候，不 要（＝别）看 手机。
Shàngkè de shíhou, bú yào (＝bié) kàn shǒujī.

解説

肯定	否定
想 xiǎng（～したい）	不想 bù xiǎng（～したくない）
要 yào ①（～したい）（～するつもりだ）	
②（～しなければならない）	不用 bú yòng（～しなくともよい）

・この用例の “不要 bú yào” は “别 bié” に置き換え可能です。

124

3 前置詞（2）“从 cóng”“到 dào”“离 lí”“往 wǎng”

王 先生 这个 星期六 从 大阪 来。
Wáng xiānsheng zhèige xīngqīliù cóng Dàbǎn lái.

从 北京 到 上海 要 四 个 半 小时。
Cóng Běijīng dào Shànghǎi yào sì ge bàn xiǎoshí.

我 家 离 机场 很 近。
Wǒ jiā lí jīchǎng hěn jìn.

离 暑假 还 有 两 个 月。
Lí shǔjià hái yǒu liǎng ge yuè.

去 超市 怎么 走？— 一直 往 北 走。
Qù chāoshì zěnme zǒu? Yìzhí wǎng běi zǒu.

解説

・“从 cóng” はよく “到 dào” とセットで使用し、“从…到…cóng…dào…” の形で「～から…まで」という意味を示します。
・“往 wǎng” の後の方位詞は “边（儿）bian (r)／面（儿）miàn (r)” をつけず、単独で使用することもできます。

【練習問題】

1：指示に従って書いてください。

① 我（　　）没有去过国外。　[空欄に適切な語を入れる]

② 这儿（　　）车站远不远？　[空欄に適切な前置詞を入れる]

③ 我明天想去玩儿。　[否定文に改める]

④ 我吃过涮羊肉。　[否定文に改める]

⑤ 次　过　美国　你　几　去　[並べ替えて句読点を加え文を作る]

⑥ 到　怎么　学校　剧场　坐　走　地铁　从　[並べ替えて句読点を加え文を作る]

2：次の日本語を中国語に訳してください。

① 私は北京に行きたいです。

② 私たちは日曜日に働かなければなりません。

③ 図書館はここから近いですか。

④ 地下鉄の駅にはどのように行きますか。——　まっすぐ東に向かって歩きます。

⑤ 私は弟に1着のコートを買ってあげたいです。

⑥ 私たちは明日出勤する必要はありません。

125

3：発音を聴いてピンインと簡体字を書いてください。

①ピ：　②ピ：

簡：　簡：

③ピ：　④ピ：

簡：　簡：

⑤ピ：　⑥ピ：

簡：　簡：

4：2人1組になり、一方が相手に電話をかけ、自分の家まで来るように言い、また行き方（道順）を説明してください。

Dì - shísì kè 第 14 课

CanDo：学習状況について説明できる

126 **新出語句**

王亮 Wáng Liàng 固 王亮（人名）
会 huì 助動 ～できる／～するはずだ、～する可能性がある
一点儿 yìdiǎnr 名 少し
常常 chángcháng 副 しばしば
错 cuò ～し間違える（結果補語）
听 tīng 動 聞く
歌儿 gēr 名 歌
懂 dǒng ～して理解する（結果補語）

还是 háishi 副 まだ、やはり
有点儿 yǒudiǎnr 副（多く望ましくないことについて）少し
能 néng 助動 ～できる、～してもよい
小说 xiǎoshuō 名 小説
但 dàn 接 しかし
可以 kěyǐ 助動 ～できる、～してもよい
送 sòng 動 贈る
完 wán ～し終わる（結果補語）

* * *

127
教 jiāo 動 教える
姥爷 lǎoye 名 母方の祖父
支 zhī 量 ～本（棒状のものを数える）
钢笔 gāngbǐ 名 ペン、万年筆
告诉 gàosu 動 伝える、知らせる
再 zài 副 再び、また
遍 biàn 量（始めから終わりまで通して）～回
好 hǎo きちんと～し終わる（しなさい）（結果補語）
到 dào 目的が達成されることを示す（結果補語）
找 zhǎo 動 探す
钱包 qiánbāo 名 財布

话 huà 名 話
见 jiàn 知覚して感じ取ることを示す（結果補語）
日语 Rìyǔ 固 日本語
游泳 yóuyǒng 離 泳ぐ
游 yóu 動 泳ぐ
小 Xiǎo 接頭 ～さん、～くん（漢字一字の姓の前に置き、年下の人への親近感を示す）
米 mǐ 量 メートル
借用 jièyòng 動 借用する
一下 yí xià（動詞の後に置いて）ちょっと（～する）
不行 bù xíng だめだ、いけない

128 · 129

会話文

王　亮：你 会 说 汉语 吗？
Wáng Liàng　Nǐ huì shuō Hànyǔ ma?

加藤 美铃：会 说 一点儿，但是 常常 会 说错。
Jiāténg Měilíng　Huì shuō yìdiǎnr, dànshì chángcháng huì shuōcuò.

王　亮：是 吗？你 听，这 是 中文 歌儿。听懂 了 吗？
Wáng Liàng　Shì ma? Nǐ tīng, zhè shì Zhōngwén gēr. Tīngdǒng le ma?

加藤 美铃：没 听懂。还是 有点儿 难。
Jiāténg Měilíng　Méi tīngdǒng. Háishi yǒudiǎnr nán.

王　亮：你 能 看懂 中文 小说 吗？
Wáng Liàng　Nǐ néng kàndǒng Zhōngwén xiǎoshuō ma?

加藤 美铃：还 没 看过。但 我 很 想 看。
Jiāténg Měilíng　Hái méi kànguo. Dàn wǒ hěn xiǎng kàn.

王　亮：那 我 可以 送 你 一 本。
Wáng Liàng　Nà wǒ kěyǐ sòng nǐ yì běn.

加藤 美铃：哦，谢谢。我 一定 要 看完。
Jiāténg Měilíng　Ò, xièxie. Wǒ yídìng yào kànwán.

【ポイント】

130
1 二重目的語

| 動詞＋間接目的語(～に)＋直接目的語(～を) |

陈 老师 教 我们 汉语。
Chén lǎoshī jiāo wǒmen Hànyǔ.

我 姥爷 送了 我 一 支 钢笔。
Wǒ lǎoye sòngle wǒ yì zhī gāngbǐ.

我 想 告诉 你 一 件 事。
Wǒ xiǎng gàosu nǐ yí jiàn shì.

解説

・すべての動詞が二つの目的語を取れるわけではありません。
(例：×我买妈妈一件大衣。
〇我给妈妈买一件大衣。
Wǒ gěi māma mǎi yí jiàn dàyī.)

131
2 結果補語

| 動詞＋結果補語(＋“了”) |

完 (～し終わる)
wán
我 看完了 一 本 书。
Wǒ kànwánle yì běn shū.

错 (～し間違える)
cuò
你 念错 了，再 念 一 遍。
Nǐ niàncuò le, zài niàn yí biàn.

好 (きちんと～し終わる／しなさい)
hǎo
汉语 的 发音，我 还 没 学好。
Hànyǔ de fāyīn, wǒ hái méi xuéhǎo.

懂 (～して理解する)
dǒng
王 老师 说 的 汉语，我 听懂 了。
Wáng lǎoshī shuō de Hànyǔ, wǒ tīngdǒng le.

到 (目的が達成されることを示す)
dào
我 还 没 找到 钱包。
Wǒ hái méi zhǎodào qiánbāo.

见 (知覚して感じ取ることを示す)
jiàn
爸爸 说 的 话，你 听见 了 没有？
Bàba shuō de huà, nǐ tīngjiàn le méiyou?

解説

・中国語の「補語」は動詞や形容詞の後ろに置き、意味的な補足をする成分のことです。
・文中の目的語は結果補語（＋“了le”）の後ろに置くのが一般的ですが、文頭に置かれることも多いです。話者が相手に最も伝えたい語句を文の後ろに置くからです（第10課ポイント３解説参照）。

132

3 助動詞（2）“会 huì”“能 néng”“可以 kěyǐ”

你 会 说 日语 吗？ — 我 不 会。
Nǐ huì shuō Rìyǔ ma? Wǒ bú huì.

我 会 游泳，但是 今天 不 能 游。
Wǒ huì yóuyǒng, dànshì jīntiān bù néng yóu.

她 一定 会 来（的）。
Tā yídìng huì lái (de).

小 张 能 游 一百 米。
Xiǎo Zhāng néng yóu yìbǎi mǐ.

能 不 能 借用 一 下？
Néng bu néng jièyòng yí xià?

这儿 可以 用 手机 吗？
Zhèr kěyǐ yòng shǒujī ma?

— 可以。／不 可以。／不 行。
Kěyǐ. Bù Kěyǐ. Bù xíng.

解説

- “会”は学習、練習などを通してマスターした個人の能力や技術を持っていることを示します。“能 néng”はある条件が整っている上での可能や潜在的な能力を示します。“可以 kěyǐ”は条件による可能の他、許可の意味を示します。
- “会 huì”は「～のはずだ、～する可能性がある」という「推量・可能性」の意味を示すこともあります。この場合、文末に“的”を置くことが多いです。
- 具体的な能力や技術の程度を示す数値が文中にある場合は、“会 huì”ではなく、“能 néng”を使用します。
- “能不能 néng bu néng～？”或いは“能～吗 néng ～ ma？”の形は「～してくれませんか」という依頼の表現にもなります。

【練習問題】

1：指示に従って書いてください。

① 这儿会用手机吗？　[誤りを正す]

② 我看了一本书完。　[誤りを正す]

③ 我会说英语。　[否定文に改める]

④ 他说的话，我听见了。　[否定文に改める]

⑤ 会　汉语　我　一点儿　说　[並べ替えて句読点を加え文を作る]

⑥ 一本　送　她　了　王老师　词典　[並べ替えて句読点を加え文を作る]

2：次の日本語を中国語に訳してください。

① 私は彼女に日本語を教え、彼女は私に中国語を教えます。

② すみません、（電話を）かけ間違えました。

③ 中国語の発音はちょっと難しいです。

④ ちょっと来てもらえませんか。

⑤ 私のスマートフォンはまだ見つかりません。

⑥ 劉さんは泳げませんが、陳さんは500メートル泳げます。

133

3：発音を聴いてピンインと簡体字を書いてください。

①ピ：＿＿＿＿＿＿　②ピ：＿＿＿＿＿＿

簡：＿＿＿＿＿＿　簡：＿＿＿＿＿＿

③ピ：＿＿＿＿＿＿　④ピ：＿＿＿＿＿＿

簡：＿＿＿＿＿＿　簡：＿＿＿＿＿＿

⑤ピ：＿＿＿＿＿＿　⑥ピ：＿＿＿＿＿＿

簡：＿＿＿＿＿＿　簡：＿＿＿＿＿＿

4：2人1組になり、英語と中国語が話すことができたり、本を読むことができたりするかどうか等、自分の学習状況について、お互いに説明してみましょう。

セットで覚えよう

他十点**就**睡觉[※]了。
Tā shí diǎn **jiù** shuìjiào le.
（彼は十時にはもう寝ました。）

他十点**才**睡觉。
Tā shí diǎn **cái** shuìjiào.
（彼は十時になってやっと寝ました。）

どちらも「十時に寝た」ということを述べていますが、十時には「"就"（もう）」寝たのか、十時になって「"才"（やっと）」寝たのか、使う副詞によってイメージが異なっています。

また例えば、日本語の「また」という副詞は、中国語では「また～する［未来］」と「また～した［過去］」では異なる言葉を用います。

※睡觉 shuìjiào 動 寝る

你念错了，**再**念一遍。
Nǐ niàncuò le, **zài** niàn yí biàn.
（あなたは読み間違えています、また〈もう〉一度読んでください。）

我**又**生病了。
Wǒ **yòu** shēngbìng le.
（私はまた病気になりました。）

こうした言葉はセットで覚えておくと便利でしょう。

【副詞】

就	jiù	：もう
才	cái	：やっと（20）
再	zài	：また（～する）、もう（一度～する）［未来］（14）
又	yòu	：また（～した）［過去］
已经	yǐjīng	：すでに、もう（～した）（12）
还	hái	：まだ（～していない、したことがない、やはり、その上）（12）
从来	cónglái	：これまで（～したことがない）（13）
一定	yídìng	：きっと、必ず（12）
大概	dàgài	：おそらく、だいたい、たぶん（11）
可能	kěnéng	：おそらく、～かもしれない、～だろう（12）

↑ 可能性が高まる

【形容詞】

大	dà	：大きい（7）	小	xiǎo	：小さい
难	nán	：難しい（7）	容易	róngyì	：易しい（12）
凉快	liángkuai	：涼しい（7）	暖和	nuǎnhuo	：暖かい（7）
多	duō	：多い（8）	少	shǎo	：少ない
热	rè	：暑い、熱い（10）	冷	lěng	：寒い、冷たい（18）
远	yuǎn	：遠い（13）	近	jìn	：近い（13）
快	kuài	：（速度が）速い（16）	慢	màn	：（速度が）遅い（17）
贵	guì	：（値段が）高い（17）	便宜	piányi	：安い（17）

※（　）内の数字はこの教科書で最初に出てくる課を表します。

Dì - shíwǔ kè
第15课

CanDo：旅行について説明できる

135
新出語句

林柏宇 Lín Bǎiyǔ 固 林柏宇（人名）
台北 Táiběi 固 台北（地名）
回 huí/hui ～帰る（方向補語）
来 lái/lai ～来る（方向補語）
凤梨酥 fènglísū 名 パイナップルケーキ
尝 cháng 動 食べてみる、味わう
铃木葵 Língmù Kuí 固 鈴木葵（人名）
台湾 Táiwān 固 台湾
好玩儿 hǎowánr 形 面白く遊べる、面白い
下次 xiàcì 次回、次
带 dài 動 引き連れる、携帯する、持つ
东京 Dōngjīng 固 東京（地名）
月份 yuèfèn 名 （暦の上の）月

* * *

136
跑 pǎo 動 走る
快点儿 kuài diǎnr さっさと、急いで
拿 ná 動 取る、持つ
回 huí 動 帰る
电子词典 diànzǐ cídiǎn 名 電子辞書
下 xià/xia ～下りる（方向補語）
进 jìn/jin ～入る（方向補語）
出 chū/chu ～出る（方向補語）
过 guò/guo ～過ぎる、移動する（方向補語）
起 qǐ/qi （下から上へ）～上がる（方向補語）
去 qù/qu ～ゆく（方向補語）
上 shàng/shang ～上がる（方向補語）
站起来 zhàn qilai 立ち上がる
楼上 lóushàng 名 上の階
香港 Xiānggǎng 固 香港（地名）
礼物 lǐwù 名 プレゼント
李 Lǐ 固 李（姓）
等 děng 動 待つ
累 lèi 形 疲れている
休息 xiūxi 動 休む、休憩する
散步 sànbù 離 散歩する

137・138

会話文

林 柏宇：这是从台北买回来的凤梨酥，你尝尝吧。
Lín Bǎiyǔ　Zhè shì cóng Táiběi mǎi huilai de fènglísū, nǐ chángchang ba.

铃木 葵：真好吃！台湾很好玩儿吧？我也想去看看。
Língmù Kuí　Zhēn hǎochī! Táiwān hěn hǎowánr ba? Wǒ yě xiǎng qù kànkan.

林 柏宇：是吗？那下次去台湾的时候可以带你去。
Lín Bǎiyǔ　Shì ma? Nà xiàcì qù Táiwān de shíhou kěyǐ dài nǐ qu.

铃木 葵：太好了！从东京到台北要多长时间？
Língmù Kuí　Tài hǎo le! Cóng Dōngjīng dào Táiběi yào duō cháng shíjiān?

林 柏宇：大概三个半小时。
Lín Bǎiyǔ　Dàgài sān ge bàn xiǎoshí.

铃木 葵：哦，你下次什么时候去台湾？
Língmù Kuí　Ò, nǐ xiàcì shénme shíhou qù Táiwān?

林 柏宇：大概十二月份吧。
Lín Bǎiyǔ　Dàgài shí'èr yuèfèn ba.

铃木 葵：好的，我一定跟你一起去！
Língmù Kuí　Hǎo de, wǒ yídìng gēn nǐ yìqǐ qù!

【ポイント】

139
1 単純方向補語 動詞＋“来/去”

他们 都 跑去 了。
Tāmen dōu pǎoqu le.

你 快 点儿 拿来。
Nǐ kuài diǎnr nálai.

我 要 回 家 去。
Wǒ yào huí jiā qu.

你 明天 带 电子 词典 来 吧!
Nǐ míngtiān dài diànzǐ cídiǎn lai ba!

解説

・“来 lái/lai” は話し手に近づいてくること、“去 qù/qu” は離れていくことを示します。
・目的語は“来”“去”の前に置きます。
・単純方向補語は軽声で発音することが多いですが、本来の声調でも構いません。

140
2 複合方向補語

	上 shang/shàng	下 xia/xià	进 jin/jìn	出 chu/chū	回 hui/huí	过 guo/guò	起 qi/qǐ
来 lai/lái	上来	下来	进来	出来	回来	过来	起来
去 qu/qù	上去	下去	进去	出去	回去	过去	—

站 起来!
Zhàn qilai!

他 从 楼上 走 下来 了。
Tā cóng lóushàng zǒu xialai le.

我 姐姐 从 香港 买回 很 多 礼物 来。
Wǒ jiějie cóng Xiānggǎng mǎihui hěn duō lǐwù lai.

李 老师 走进 办公室 去 了。
Lǐ lǎoshī zǒujin bàngōngshì qu le.

解説

・目的語は“来”“去”の前に置きます。
・複合方向補語は軽声で発音することが多いですが、本来の声調でも構いません。

141
3 動詞の重ね型「ちょっと～する」

AA／A“一”A／ABAB

请 给 我 看看。
Qǐng gěi wǒ kànkan.

你们 等 一 等。
Nǐmen děng yi deng.

我 累 了, 想 休息 休息。
Wǒ lèi le, xiǎng xiūxi xiuxi.

咱们 晚上 去 散散 步, 怎么样?
Zánmen wǎnshang qù sànsan bù, zěnmeyàng?

解説

・後に繰り返される動詞は軽声で発音されます。
・単音節の重ね型は動詞の間に“一 yi”を挿入できます。

【練習問題】

1：指示に従って書いてください。

① 昨天她从台北回（　　）了。　[空欄に適切な語句を入れる]

② 请给我看（　　）看。　[空欄に適切な語句を入れる]

③ 咱们晚上去散步散步，怎么样？　[誤りを正す]

④ 小李已经回来跑家了。　[誤りを正す]

⑤ 去　走　王老师　进　了　教室　[並べ替えて句読点を加え文を作る]

⑥ 也　看　我　去　看　想　[並べ替えて句読点を加え文を作る]

2：次の日本語を中国語に訳してください。

① 東京から大阪までおおよそ2時間半くらいかかります。

② これは私が作った餃子です、ちょっと食べてみて。

③ 駅から学校まではどのくらいの時間がかかりますか。

④ あなたは次はいつ京劇を見に行きますか。

⑤ もう3時になりました。急いで帰ってきて。

⑥ 私は必ずあなたと一緒に行きます。

142

3：発音を聴いてピンインと簡体字を書いてください。

①ピ：　②ピ：

簡：　簡：

③ピ：　④ピ：

簡：　簡：

⑤ピ：　⑥ピ：

簡：　簡：

4：2人1組になり、それぞれが旅行に行きたい場所を挙げ、いつ行きたいのか、またそこが自分の家からどのくらい時間がかかるのかを、お互い説明してみましょう。

Dì - shíliù kè

第16课

CanDo：頑張っていることについて説明できる

143 **新出語句**

秋山梓 Qiūshan Zi 固 秋山梓（人名）

以后 yǐhòu 方 以後、その後

胖 pàng 形 太っている

公斤 gōngjīn 量 キログラム（kg）

得 děi 助動 ～しなければならない、～する必要がある

运动 yùndòng 動 運動する、スポーツをする
名 運動、スポーツ

张子豪 Zhāng Zǐháo 固 張子豪（人名）

喜欢 xǐhuan 動 好きである

打棒球 dǎ bàngqiú 野球をする

不过 búguò 接 しかし

踢足球 tī zúqiú サッカーをする

得 de 助 ～するのが･･･だ

可是 kěshì 接 しかし

下星期天 xià xīngqītiān 来週の日曜日

参加 cānjiā 動 参加する

比赛 bǐsài 名 試合

应该 yīnggāi 助動 ～すべきである

好好儿 hǎohāor 副 十分に、しっかりと

地 de 助 他の語句の後に置いて、連用修飾語を作る。

练习 liànxí 動 練習する

要是 yàoshi 接 もし～なら

空（儿） kòng(r) 名 ひま、あいた時間

＊　＊　＊

144

轻轻地 qīngqīng de 軽く、そっと

关 guān 動 閉じる、閉める

上 shàng/shang 離れているものが合わさることや、対象・目的に到達することを表す（方向補語の派生的用法）

门 mén 名 門、ドア

民主 mínzhǔ 形 民主的である

解决 jiějué 動 解決する

快 kuài 形 速い

唱 chàng 動 歌う

写 xiě 動 書く

漂亮 piàoliang 形 美しい、きれいである

遵守 zūnshǒu 動 遵守する、守る

校规 xiàoguī 名 校則、学校の規則

年轻 niánqīng 形 若い

干 gàn 動 する、やる

种 zhǒng 量 種類

问题 wèntí 名 問題

研究 yánjiū 動 研究する、検討する

145・146

会話文

秋山　梓：来　中国　以后，我 胖了 五 公斤。
Qiūshān　Zǐ　Lái Zhōngguó yǐhòu, wǒ pàngle wǔ gōngjīn.

我 得 运动 运动。
Wǒ děi yùndòng yundong.

张　子豪：你 喜欢 什么 运动？
Zhāng　Zǐháo　Nǐ xǐhuan shénme yùndòng?

秋山　梓：我 喜欢 打 棒球，不过，在 中国 打 棒球
Qiūshān　Zǐ　Wǒ xǐhuan dǎ bàngqiú, búguò, zài Zhōngguó dǎ bàngqiú

的 人 不 多，是 吧？
de rén bù duō, shì ba?

张　子豪：对，我 也 没有 打过 棒球。我 喜欢 踢 足球。
Zhāng　Zǐháo　Duì, wǒ yě méiyou dǎguo bàngqiú. Wǒ xǐhuan tī zúqiú.

秋山　梓：你 足球 踢 得 怎么样？
Qiūshān　Zǐ　Nǐ zúqiú tī de zěnmeyàng?

张　子豪：踢 得 不 太 好。可是，下 星期天 要 参加 足球
Zhāng　Zǐháo　Tī de bú tài hǎo. Kěshì, xià xīngqītiān yào cānjiā zúqiú

比赛。
bǐsài.

秋山　梓：那 你 应该 好好儿 地 练习 练习。
Qiūshān　Zǐ　Nà nǐ yīnggāi hǎohāor de liànxí lianxi.

张　子豪：要是 你 有 空儿，
Zhāng　Zǐháo　Yàoshi nǐ yǒu kòngr,

来 看 比赛 吧！
lái kàn bǐsài ba!

【ポイント】

147

1 動詞の修飾語 “地 de”

～＋“地de”＋動詞

她 高兴 地 回 家 去 了。
Tā gāoxìng de huí jiā qu le.

妈妈 轻轻 地 关上了 门。
Māma qīngqīng de guānshangle mén.

我们 一定 要 民主 地 解决 这个 问题。
Wǒmen yídìng yào mínzhǔ de jiějué zhèige wèntí.

解説

・「～＋“地 de”」は動詞を修飾します。単音節（漢字一字）の形容詞を重ね型にして、“地”を付ける場合があります。（例：好好儿地、轻轻地）この時、重ね型の後半部の声調は第一声に変調する場合やｒ化することがあります。

148

2 様態補語を導く “得 de”

動詞＋“得 de”＋形容詞句

他 跑 得 很 快。
Tā pǎo de hěn kuài.

她 唱 得 好 吗？（她 唱 得 好 不 好？）
Tā chàng de hǎo ma?（Tā chàng de hǎo bu hǎo?）

— 她 唱 得 很 好。／她 唱 得 不 好。
Tā chàng de hěn hǎo. Tā chàng de bù hǎo.

（動詞＋）目的語＋動詞＋“得 de”＋形容詞句

我（说）英语 说 得 不 太 好。
Wǒ (shuō) Yīngyǔ shuō de bú tài hǎo.

我 姐姐（写）字 写 得 很 漂亮。
Wǒ jiějie (xiě) zì xiě de hěn piàoliang.

解説

・動作・行為の様子や状態を「～するのが･･･だ」と補足説明します。
・“得 de”の直前に動詞を置く必要があるため、目的語がある場合は「（動詞＋）目的語＋動詞＋“得 de”＋形容詞句」になります。

149

3 助動詞（3）“应该 yīnggāi” “得 děi”

你 是 大学生，应该 遵守 校规。
Nǐ shì dàxuéshēng, yīnggāi zūnshǒu xiàoguī.

你们 年轻 人 不 应该 干 这 种 事。
Nǐmen niánqīng rén bù yīnggāi gàn zhèi zhǒng shì.

这个 问题，我们 还 得 研究 研究。
Zhèige wèntí, wǒmen hái děi yánjiū yanjiu.

解説

・“应该 yīnggāi”は道義的・社会的な通念にしたがい「～すべきである」、“得 děi”は義務的に「～すべきである、～しなければならない」、“要 yào”は自発的に「～しなければならない」という意味を示します。“得 děi”は“不 bù”を付けて否定形で使用することはできません。

【練習問題】

1：指示に従って書いてください。

① 我足球踢（　　）不太好。　[空欄に適切な語を入れる]

② 她高兴（　　）走过来了。　[空欄に適切な語を入れる]

③ 我唱歌儿唱得很好。　[否定文に改める]

④ 去　我　打工　得　[並べ替えて句読点を加え文を作る]

⑤ 怎么样　字　写　得　她　写　[並べ替えて句読点を加え文を作る]

⑥ 看　不　你们　书　这种　应该　[並べ替えて句読点を加え文を作る]

2：次の日本語を中国語に訳してください。

① 彼女は走るのが速くありません。

② 私たちはとてもまじめにこの問題を検討しています。

③ 私は野球をするのが好きですが、ただあまりうまくありません。

④ あなたたち学生はしっかり勉強すべきです。

⑤ 私は２キロ太りました。

⑥ もし暇があれば、私の家に遊びに来てください。

150

3：発音を聴いてピンインと簡体字を書いてください。

①ピ：　②ピ：

簡：　簡：

③ピ：　④ピ：

簡：　簡：

⑤ピ：　⑥ピ：

簡：　簡：

4：２人１組になり、次頁の補充単語［スポーツ］も参考にして、好きなスポーツは何か、またそれがどれくらいできるのか、お互い聞いてみましょう。

第17课《Dì - shíqī kè》

CanDo：食べ物について説明できる

152 **新出語句**

在 zài 副 ～している
荔枝 lìzhī 名 ライチ、レイシ
龙眼 lóngyǎn 名 リュウガン、ロンガン
常见 chángjiàn 形 よく見かける、よくある
水果 shuǐguǒ 名 果物、フルーツ
味道 wèidào 名 味
一样 yíyàng 形 同じ
差不多 chàbuduō 形 ほとんど同じ、あまり変わらない
只是 zhǐshì 接 ただ、しかし
比 bǐ 前 ～より
嗯 ǹg 感 うん、ええ（肯定・承諾を表す）
肯定 kěndìng 副 きっと、必ず
贵 guì 形（値段が）高い
那么 nàme 代 あんなに、そんなに
便宜 piányi 形（値段が）安い
芒果 mángguǒ 名 マンゴー
香蕉 xiāngjiāo 名 バナナ
还有 háiyǒu 接 それから、そのうえ
木瓜 mùguā 名 パパイヤ
种类 zhǒnglèi 名 種類
丰富 fēngfù 形 豊富である、豊かである
王国 wángguó 名 王国
有～之称 yǒu ～ zhī chēng ～の称号がある、～と言われている

* * *

153
游戏 yóuxì 名 ゲーム
呢 ne 助 進行の語気を示す
正在 zhèngzài 副 ちょうど～（しているところ）
打扫 dǎsǎo 動 掃除する
女儿 nǚ'ér 名 娘
高铁 gāotiě 名 高速鉄道
飞机 fēijī 名 飛行機
慢 màn 形（速度・動作が）遅い
儿子 érzi 名 息子
平板电脑 píngbǎn diànnǎo 名 タブレット PC
马 Mǎ 固 馬（姓）
赢 yíng 動 勝つ

151 **スポーツ**

打网球	dǎ wǎngqiú	テニスをする
打羽毛球	dǎ yǔmáoqiú	バドミントンをする
打篮球	dǎ lánqiú	バスケットボールをする
打排球	dǎ páiqiú	バレーボールをする
打乒乓球	dǎ pīngpāngqiú	卓球をする
打袋棍球	dǎ dàigùnqiú	ラクロスをする
滑雪	huáxuě	スキーをする
滑冰	huábīng	スケートをする

154 · 155

会話文

铃木 葵：你 在 吃 什么？是 荔枝 吗？
Língmù Kuí　Nǐ zài chī shénme? Shì lìzhī ma?

林 柏宇：不 是，这 是 龙眼，是 台湾 很 常见 的 水果。
Lín Bǎiyǔ　Bú shì, zhè shì lóngyǎn, shì Táiwān hěn chángjiàn de shuǐguǒ.

铃木 葵：味道 跟 荔枝 一样 吗？
Língmù Kuí　Wèidào gēn lìzhī yíyàng ma?

林 柏宇：差不多，只是 荔枝 比 龙眼 大 一点儿。
Lín Bǎiyǔ　Chàbuduō, zhǐshì lìzhī bǐ lóngyǎn dà yìdiǎnr.

铃木 葵：嗯，很 好吃！ 肯定 很 贵 吧？
Língmù Kuí　Ǹg, hěn hǎochī! Kěndìng hěn guì ba?

林 柏宇：龙眼 没有 荔枝 那么 贵，很 便宜。
Lín Bǎiyǔ　Lóngyǎn méiyǒu lìzhī nàme guì, hěn piányi.

铃木 葵：是 吗？ 我 吃过 芒果、 香蕉， 还有 木瓜， 都 很 好吃。
Língmù Kuí　Shì ma? Wǒ chīguo mángguǒ、xiāngjiāo, háiyǒu mùguā, dōu hěn hǎochī.

林 柏宇：台湾 水果 种类 很 丰富，有 “水果 王国” 之 称。
Lín Bǎiyǔ　Táiwān shuǐguǒ zhǒnglèi hěn fēngfù, yǒu “shuǐguǒ wángguó” zhī chēng.

［台湾の中国語表記］

台湾では簡体字ではなく、日本の旧字に相当する繁体字（正体字）を使います。例えばこの課の会話文の最初の２行は次のようになります。

你在吃甚麼？是荔枝嗎？
不是，這是龍眼，是臺灣很常見的水果。

簡体字に比べるとかなり画数の多い字もありますが、一方で“見”のように日本の常用漢字と同じ字体もあり、慣れればそう難しくはありません。

【ポイント】

156

1 進行の“在 zài”“正在 zhèngzài”

“(正)在”＋動詞句(＋“呢”)

你 在 干 什么 呢？— 在 玩儿 游戏 呢。
Nǐ zài gàn shénme ne? Zài wánr yóuxì ne.

我 正在 打扫 的 时候，女儿 来 了。
Wǒ zhèngzài dǎsǎo de shíhou, nǚ'ér lái le.

解説

・“正在 zhèngzài” は “在 zài” より進行の意味が強調されます。

157

2 比較構文

A＋“比”＋B＋形容詞(＋差を示す語句)

汉语 比 英语 难。
Hànyǔ bǐ Yīngyǔ nán.

高铁 比 飞机 慢 一点儿。
Gāotiě bǐ fēijī màn yìdiǎnr.

她 比 我 儿子 大 两 岁。
Tā bǐ wǒ érzi dà liǎng suì.

A＋“没有”＋B(＋“那么”)＋形容詞

我 的 平板 电脑 没有 他 的 那么 贵。
Wǒ de píngbǎn diànnǎo méiyǒu tā de nàme guì.

A＋“跟”＋B＋“一样”(＋形容詞)

马 老师 跟 我 妈妈 一样 大。
Mǎ lǎoshī gēn wǒ māma yíyàng dà.

解説

・比較構文では形容詞に “很” や “非常” などの副詞は付けず、一般に単独で使用します。
・比較構文の否定形は “没有 méiyǒu” を用います。(×汉语比英语不难。)

158

3 主題化構文

票 我 已经 买好 了。
Piào wǒ yǐjīng mǎihǎo le.

这 次 比赛，我们 一定 要 赢。
Zhèi cì bǐsài, wǒmen yídìng yào yíng.

解説

・目的語はふつう動詞の後に置きますが、目的語が文の主題となる場合は文頭に置きます。

【練習問題】

1：指示に従って書いてください。

① 她看书。　[進行形の文にする]

② 她（　　）我大三岁。　[空欄に適切な語を入れる]

③ 这个（　　）那个一样贵。　[空欄に適切な語を入れる]

④ 今天比昨天热。　[否定文に改める]

⑤ 荔枝比龙眼一点儿很大。　[誤りを正す]

⑥ 我已经票买好了。　[誤りを正す]

2：次の日本語を中国語に訳してください。

① 台湾の果物は私はみな好きです。

② 私がちょうど勉強していたときに、劉さんが来ました。

③ 中国語は英語より少し難しいです。

④ この辞書はあの辞書より 300 元値段が高いです。

⑤ 今月は先月と同じくらい忙しいです。

⑥ 彼女は何の歌を歌っているところですか。

159

3：発音を聴いてピンインと簡体字を書いてください。

①ピ：＿＿＿＿＿＿＿＿　②ピ：＿＿＿＿＿＿＿＿

簡：＿＿＿＿＿＿＿＿　簡：＿＿＿＿＿＿＿＿

③ピ：＿＿＿＿＿＿＿＿　④ピ：＿＿＿＿＿＿＿＿

簡：＿＿＿＿＿＿＿＿　簡：＿＿＿＿＿＿＿＿

⑤ピ：＿＿＿＿＿＿＿＿　⑥ピ：＿＿＿＿＿＿＿＿

簡：＿＿＿＿＿＿＿＿　簡：＿＿＿＿＿＿＿＿

160

4：2人1組になり、以下の補充単語も参考にして好きな果物を2つ挙げ、おいしさや大きさ、値段などを比べてみましょう。

果物

苹果 píngguǒ りんご	桃子 táozi もも	哈密瓜 hāmìguā ハミウリ
葡萄 pútao ぶどう	草莓 cǎoméi いちご	
橘子 júzi みかん	西瓜 xīguā スイカ	

161

新出語句

高桥冬树 Gāoqiáo Dōngshù 固 高橋冬樹（人名）

下雪 xiàxuě 離 雪が降る

着 zhe 助 ～している、～しながら…（する）

看得见 kàn de jiàn 見える（可能補語）

吴静丽 Wú Jìnglì 固 呉静麗（人名）

怪不得 guàibude 副 道理で、なるほど

这么 zhème 代 このように、こんなに

冷 lěng 形 寒い

寒假 hánjià 名 冬休み

打算 dǎsuàn 名 予定

旅行 lǚxíng 動 旅行する

想不出来 xiǎng bu chūlái 思いつかない（可能補語）

合适 héshì 形 適切である、ちょうどよい

地方 dìfang 名 場所

海南岛 Hǎinándǎo 固 海南島（地名）

夏威夷 Xiàwēiyí 固 ハワイ（地名）

海边 hǎibiān 名 海辺

种 zhòng 動 植える

椰树 yēshù 名 ヤシの木

订 dìng 動 予約する、注文する

来不及 láibují （時間的に）間に合わない（可能補語）

应该 yīnggāi 助動 ～のはずだ

来得及 láidejí （時間的に）間に合う（可能補語）

上网 shàngwǎng 離 インターネットを使う、ネットにアクセスする

* * *

162

呢 ne 助 持続を示す

开 kāi 動 開く、開ける

中田 Zhōngtián 固 中田（姓）

穿 chuān 動 着る

红 hóng 形 赤い

躺 tǎng 動 横になる、寝転ぶ

开门 kāimén 離 ドアを開ける

放 fàng 動 置く、放置する

杂志 zázhì 名 雑誌

外国 wàiguó 名 外国

下雨 xiàyǔ 離 雨が降る

清楚 qīngchu はっきりと～する（結果補語）

看不清楚 kàn bu qīngchu はっきりと見えない（可能補語）

听得懂 tīng de dǒng 聞いて分かる（可能補語）

听不懂 tīng bu dǒng 聞いて分からない（可能補語）

回不去 huí bu qù 帰ることができない、帰れない（可能補語）

169

回老家 huí lǎojiā	実家に帰る、帰省する	看红白歌合战 kàn Hóngbái gēhézhàn	紅白歌合戦を見る
游东京迪士尼乐园 yóu Dōngjīng Díshìní lèyuán	東京ディズニーランドで遊ぶ	去国外旅行 qù guówài lǚxíng	海外旅行に行く
参加倒计时派对 cānjiā dàojìshí pàiduì	カウントダウンパーティーに参加する	上驾校 shàng jiàxiào	自動車学校に通う
参加圣诞派对 cānjiā Shèngdàn pàiduì	クリスマスパーティーに参加する	看动画片 kàn dònghuàpiàn	アニメを見る
复习功课 fùxí gōngkè	授業の復習をする	参拜寺庙 cānbài sìmiào	お詣りをする
写报告 xiě bàogào	レポートを書く		

163・164

会話文

高桥　冬树：外边儿 下着 雪 呢。你 看 得 见 吗？
Gāoqiáo Dōngshù　Wàibianr xiàzhe xuě ne. Nǐ kàn de jiàn ma?

吴　静丽：怪不得 这么 冷！寒假 你 有 什么 打算？
Wú Jìnglì　Guàibude zhème lěng! Hánjià nǐ yǒu shénme dǎsuàn?

高桥　冬树：我 想 去 旅行。但是 想 不 出 合适 的 地方 来。
Gāoqiáo Dōngshù　Wǒ xiǎng qù lǚxíng. Dànshì xiǎng bu chū héshì de dìfang lái.

吴　静丽：海南岛 怎么样？那儿 很 暖和。
Wú Jìnglì　Hǎinándǎo zěnmeyàng? Nàr hěn nuǎnhuo.

高桥　冬树：哦，听说过！是“中国 的 夏威夷”吧？
Gāoqiáo Dōngshù　Ò, tīngshuōguo! Shì “Zhōngguó de Xiàwēiyí” ba?

吴　静丽：对，海边 种着 很 多 椰树，非常 漂亮！
Wú Jìnglì　Duì, hǎibiān zhòngzhe hěn duō yēshù, fēicháng piàoliang!

高桥　冬树：可是，订 票 已经 来不及 了 吧？
Gāoqiáo Dōngshù　Kěshì, dìng piào yǐjīng láibují le ba?

吴　静丽：应该 还 来得及，你 上网 订 一 下 吧。
Wú Jìnglì　Yīnggāi hái láidejí, nǐ shàngwǎng dìng yí xià ba.

【ポイント】

165

1 持続の“着 zhe”

動詞＋“着”＋目的語（＋“呢”）

门　开着　呢。
Mén kāizhe ne.

中田　老师 在 教室 里 等着 你 呢。
Zhōngtián lǎoshī zài jiàoshì li děngzhe nǐ ne.

她 今天 穿着 一 件 漂亮 的 红 衣服。
Tā jīntiān chuānzhe yí jiàn piàoliang de hóng yīfu.

動詞 1＋“着”＋動詞 2

我 喜欢 躺着 看 书。
Wǒ xǐhuan tǎngzhe kàn shū.

解説

·進行の“（正）在 (zhèng) zài”との区別に注意しましょう。（例：他在开门呢。Tā zài kāimén ne.）

166

2 存在・出現・自然現象を示す文（存現文）

場所·時間＋動詞（＋“着／了”）＋目的語（意味上の主語）

桌子 上 放着 很 多 杂志。
Zhuōzi shang fàngzhe hěn duō zázhì.

我 家 来了 三 位 外国 客人。
Wǒ jiā láile sān wèi wàiguó kèrén.

明天　上午 会 下 雨。
Míngtiān shàngwǔ huì xià yǔ.

解説

·不特定の人・物が「存在・出現」する場合、動詞の後ろに「意味上の主語（行為の主体）が置かれます。
（×我家来了王老师。
×三位外国客人来了我家。）

·自然現象を表す場合も存現文の語順になります。

167

3 補語の可能表現

動詞＋“得／不”＋結果補語/方向補語

白板 上 的 字，我 看 不 清楚。
Báibǎn shang de zì, wǒ kàn bu qīngchu.

刘 老师 说 的 汉语，你 听 得 懂 吗
Liú lǎoshī shuō de Hànyǔ, nǐ tīng de dǒng ma

（听 得 懂 听 不 懂）？— 我 听 不 懂。
(tīng de dǒng tīng bu dǒng)? Wǒ tīng bu dǒng.

已经 十一 点 了，今天 回 不 去 了。
Yǐjīng shíyī diǎn le, jīntiān huí bu qù le.

解説

·動詞と結果補語や方向補語の間に“得 de”“不 bu”を入れると、可能·不可能を示す表現になり、これを可能補語ともいいます。結果補語や方向補語の部分についての可能を示す表現です。

·否定形が多用され、肯定形は主に疑問文や反語文で使用されます。

·“来得及 láidejí”“来不及 láibují”のように、元の結果補語の形がないものもあります。

·結果補語 / 方向補語の部分は本来の声調で発音されます。

【練習問題】

1：指示に従って書いてください。

① 外边儿下雨呢。　[文中の適切な位置に“着”を入れる]

② 李老师的汉语，我听懂。　[文中の適切な位置に“不”を入れる]

③ 两个学生坐着前面儿。　[誤りを正す]

④ 我喜欢躺看着电视。　[誤りを正す]

⑤ 来不及　订票　了　已经　[並べ替えて句読点を加え文を作る]

⑥ 来　很　多　昨天　了　客人　[並べ替えて句読点を加え文を作る]

2：次の日本語を中国語に訳してください。

① 仕事が大変忙しく、帰ることができなくなりました。

② 椅子の上に2つのカバンが置いてあります。

③ ホワイトボードの字をあなたははっきり見えますか。

④ 私は毎日歩いて駅に行きます。

⑤ 明日の午後は雪が降るでしょう。

⑥ 夏休みにあなたはどのような予定がありますか。

168

3：発音を聴いてピンインと簡体字を書いてください。

①ピ：＿＿＿＿＿＿　②ピ：＿＿＿＿＿＿

簡：＿＿＿＿＿＿　簡：＿＿＿＿＿＿

③ピ：＿＿＿＿＿＿　④ピ：＿＿＿＿＿＿

簡：＿＿＿＿＿＿　簡：＿＿＿＿＿＿

⑤ピ：＿＿＿＿＿＿　⑥ピ：＿＿＿＿＿＿

簡：＿＿＿＿＿＿　簡：＿＿＿＿＿＿

4：本文とこの課の［新出語句］下の補充単語を参考にして、冬休みの予定について話し合ってみましょう。

Dì - shíjiǔ kè

第19课

CanDo：病院に行くことができる

170 ## 新出語句

医院 yīyuàn 名 病院

挂号处 guàhàochù 名（病院の）受付

替 tì 動（～に）代わる、～に代わって（…する）

挂号 guàhào 離（病院などの）受付をする

田中七海 Tiánzhōng Qīhǎi 固 田中七海（人名）

诊室 zhěnshì 名 診察室

医生 yīshēng 名 医者

舒服 shūfu 形 気持が良い、体調・具合が良い

头 tóu 名 頭

疼 téng 形 痛い

发烧 fāshāo 離 熱が出る

咳嗽 késou 動 咳をする

量 liáng 動 はかる

血压 xuèyā 名 血圧

体温 tǐwēn 名 体温

脉搏 màibó 名 脈拍

快(要)～了 kuài(yào)～le もうすぐ～する、まもなく～する

嗓子 sǎngzi 名 のど

用 yòng 前 ～で、～を使って

听诊器 tīngzhěnqì 名 聴診器

把 bǎ 前 ～を

掀 xiān 動 めくる

大夫 dàifu 名 医者、（医者への呼びかけの）先生

得 dé 動（病気に）かかる

流感 liúgǎn 名 インフルエンザ

被 bèi 前 ～に、～から（受身構文で行為者・動作主を導く）

传染 chuánrǎn 動 伝染する、うつる

担心 dānxīn 離 心配する

只 zhǐ 副 ただ、～だけ

一般 yìbān 形 普通である、一般である

感冒 gǎnmào 名 風邪 動 風邪をひく

开 kāi 動（薬を）処方する

点儿 diǎnr 量 ちょっと（"一点儿"の省略形）

了 le 助 ～したら（仮定を表す。完了の"了"の一つ）

多 duō 副 多く、多めに

热水 rèshuǐ 名 お湯

两三天 liǎng-sān tiān ２～３日、数日

* * *

171

作业 zuòyè 名 宿題

关 guān 動（電源・スイッチを）切る

成 chéng ～にする、～となる（結果補語）

德文 Déwén 固 ドイツ語

房间 fángjiān 名 部屋

弄坏 nònghuài 壊す、だめにする（"坏"は結果補語）

称为 chēngwéi （～と）呼ぶ、称する（"为"は結果補語）

帽子 màozi 名 帽子

吹走 chuīzǒu 吹き飛ばす（"走"は結果補語）

春节 Chūnjié 固 春節、旧正月

开往 kāiwǎng ～へ向けて発車する

西安 Xī'ān 固 西安（地名）

列车 lièche 名 列車

出发 chūfā 動 出発する

妹妹 mèimei 名 妹

就要～了 jiù yào～le いよいよ～する、いますぐ～する

毕业 bìyè 離 卒業する

172・173

会話文

［在 医院 挂号处］
zài yīyuàn guàhàochù

杨 泰龙：我 去 替 你 挂号。 你 坐 这儿 等 我 一 下。
Yáng Tàilóng　Wǒ qù tì nǐ guàhào. Nǐ zuò zhèr děng wǒ yí xià.

田中 七海：谢谢。
Tiánzhōng Qīhǎi　Xièxie.

［在 诊室］
zài zhěnshì

医生：你 哪儿 不 舒服？
yīshēng　Nǐ nǎr bù shūfu?

田中 七海：我 头 疼、发烧，还 咳嗽。
Tiánzhōng Qīhǎi　Wǒ tóu téng、fāshāo, hái késou.

医生：那，量 一 下 血压、体温 和 脉搏。
yīshēng　Nà, liáng yí xià xuèyā、tǐwēn hé màibó.

田中 七海：好 的。我 发烧 快 两 天 了，现在 嗓子 也 有点儿 不 舒服。
Tiánzhōng Qīhǎi　Hǎo de. Wǒ fāshāo kuài liǎng tiān le, xiànzài sǎngzi yě yǒudiǎnr bù shūfu.

医生：我 用 听诊器 听 一 下。你 把 衣服 掀 起来。
yīshēng　Wǒ yòng tīngzhěnqì tīng yí xià. Nǐ bǎ yīfu xiān qilai.

田中 七海：大夫，我们 学校 现在 得 流感 的 人 很 多。我 是 不 是 被 他们 传染 了？
Tiánzhōng Qīhǎi　Dàifu, wǒmen xuéxiào xiànzài dé liúgǎn de rén hěn duō. Wǒ shì bu shì bèi tāmen chuánrǎn le?

医生：不 用 担心，你 这 只 是 一般 的 感冒。 我 给 你 开 点儿 药。 吃了 药，多 喝 点儿 热水，两三 天 就 好 了。
yīshēng　Bú yòng dānxīn, nǐ zhè zhǐ shì yìbān de gǎnmào. Wǒ gěi nǐ kāi diǎnr yào. Chīle yào, duō hē diǎnr rèshuǐ, liǎng-sān tiān jiù hǎo le.

【ポイント】

174

1 “把 bǎ” 構文

主語＋“把”＋目的語＋動詞＋付加成分

我 把 作业 做完 了。
Wǒ bǎ zuòyè zuòwán le.

你 把 手机 关 一 下。
Nǐ bǎ shǒujī guān yí xià.

我 想 把 这 本 小说 翻译 成 德文。
Wǒ xiǎng bǎ zhèi běn xiǎoshuō fānyì chéng Déwén.

服务员 还 没 把 房间 打扫 好。
Fúwùyuán hái méi bǎ fángjiān dǎsǎo hǎo.

把 你 的 名字 写 在 这儿。
Bǎ nǐ de míngzi xiě zài zhèr.

解説

・目的語を “把 bǎ” を用い動詞の前に置いて、「動詞＋付加成分」を強調します。付加成分は “了 le”、結果補語、重ね型、前置詞句などです。

・目的語は聞き手が既に知っている特定の事物です。
（×“一个～” “很多～”）

・動詞の後に置かれた前置詞句は結果のニュアンスを持ちます。
（例：“在这儿写 zài zhèr xiě”「ここで書く」、“写在这儿 xiě zài zhèr”「書いた結果、書かれたものがここにある」→「ここに書く」）

175

2 受け身の “被 bèi”

主語＋“被”（＋人・物）＋動詞句

我 的 电脑 被 我 弟弟 弄坏 了。
Wǒ de diànnǎo bèi wǒ dìdi nònghuài le.

海南岛 被 称为 “中国 的 夏威夷”。
Hǎinándǎo bèi chēngwéi “Zhōngguó de Xiàwēiyí”.

我 的 帽子 被 吹走 了。
Wǒ de màozi bèi chuīzǒu le.

解説

・“被 bèi” の後の動作主（人・物）は省略することができます。

176

3 近接未来

快～了／快要～了／就要～了

快 春节 了。
Kuài Chūnjié le.

开往 西安 的 列车 快 要 出发 了。
Kāiwǎng Xī'ān de lièchē kuài yào chūfā le.

我 妹妹 明年 三月 就 要 毕业 了。
Wǒ mèimei míngnián sānyuè jiù yào bìyè le.

解説

・文中に具体的な時点を示す語句がある場合は “就要 jiù yào” を用います。

【練習問題】

1：指示に従って書いてください。

① 他　我的电脑　弄坏　了。　［"把" を適切な位置に入れる］

② 我的电脑　他　弄坏　了。　［"被" を適切な位置に入れる］

③ 我姐姐明年三月快毕业了。　［誤りを正す］

④ 被我的帽子吹走了。　［誤りを正す］

⑤ 把　你的　请　名字　这儿　在　写　［並べ替えて句読点を加え文を作る］

⑥ 也　不　有点儿　舒服　嗓子　［並べ替えて句読点を加え文を作る］

2：次の日本語を中国語に訳してください。

① もうすぐ夏です。

② あなたはどこが調子悪いですか。

③ 私はまだ宿題をやり終えていません。

④ 薬を飲んだら一両日で良くなります。

⑤ 私の辞書は弟に持って行かれました。

⑥ 発熱してまもなく4日になります。

177

3：発音を聴いてピンインと簡体字を書いてください。

①ピ：　　②ピ：

簡：　　簡：

③ピ：　　④ピ：

簡：　　簡：

⑤ピ：　　⑥ピ：

簡：　　簡：

4：中国で病気になった時のことを想定し、救急車の呼び方や保険の使い方、診療科名の日中での違いなどを調べてみましょう。

第20课

178
新出語句

蔡娜 Cài Nà [固] 蔡娜（人名）
天气 tiānqì [名] 天気
越来越… yuè lái yuè… ますます～になる
更 gèng [副] もっと、いっそう
船 chuán [名] 船
回 huí [動] 帰る、戻る
国 guó [名] 国、国家
因为 yīnwèi [接] ～なので
下船 xiàchuán [離] 船から下りる
所以 suǒyǐ [接] だから
旅游 lǚyóu [動] 観光する
才 cái [副] ～してようやく
附 fù [動] 添付する
分享 fēnxiǎng [動] 共有する
打算 dǎsuàn [動] ～するつもりだ
待 dāi [動] 滞在する
再 zài [副] それから
西红柿炒鸡蛋 xīhóngshì chǎo jīdàn [名] トマトと玉子の炒め物
地三鲜 dìsānxiān [名] ジャガイモ・ナス・青トウガラシ（ピーマン）の炒め物
虽然 suīrán [接] ～ではあるが
好看 hǎokàn [形] 美しい、きれいだ
还可以 hái kěyǐ まあまあだ
可惜 kěxī [形] 惜しい、残念だ
菜 cài [名] 料理
手艺 shǒuyì [名] 腕前
让 ràng [動] ～に…させる
佩服 pèifu [動] 感服する、感心する
机会 jīhuì [名] 機会
期待 qīdài [動] 期待する
联系 liánxì [動] 連絡する

＊　＊　＊

179
查 chá [動] 調べる
出国 chūguó [離] 出国する
留学 liúxué [離] 留学する
久等 jiǔ děng 長い時間待つ
故事 gùshi [名] 物語
使 shǐ [動] ～に…させる
感动 gǎndòng [動] 感動する
骑 qí [動]（馬や自転車などに）乗る、またがる
自行车 zìxíngchē [名] 自転車
出租车 chūzūchē [名] タクシー
网球 wǎngqiú [名] テニス
成绩 chéngjì [名] 成績
中岛 Zhōngdǎo [固] 中島（姓）
不但 búdàn [接] ～だけでなく
俄语 Éyǔ [固] ロシア語
而且 érqiě [接] しかも、さらに
西班牙语 Xībānyáyǔ [固] スペイン語
如果 rúguǒ [接] もし～なら
时间 shíjiān [名] 時間
的话 dehuà [助] ～なら
卡拉OK kǎlaOK [名] カラオケ

180・181

メール

蔡 娜：
Cài Nà:

你好！ 这 几 天 东京 的 天气 越 来 越 冷，
Nǐ hǎo! Zhè jǐ tiān Dōngjīng de tiānqì yuè lái yuè lěng,

北京 应该 更 冷 吧，你 没有 感冒 吧？
Běijīng yīnggāi gèng lěng ba, nǐ méiyou gǎnmào ba?

我 前天 回到 东京 了。我 是 坐 船 回国
Wǒ qiántiān huídào Dōngjīng le. Wǒ shì zuò chuán huí guó

的。因为 在 大阪 下船，所以 我 在 大阪 旅游了 一
de. Yīnwèi zài Dàbǎn xiàchuán, suǒyǐ wǒ zài Dàbǎn lǚyóule yí

个 星期，然后 才 回 东京。附上 几 张 大阪 的
ge xīngqī, ránhòu cái huí Dōngjīng. Fùshang jǐ zhāng Dàbǎn de

照片，跟 你 分享 一 下。我 打算 在 东京 待 一
zhàopiàn, gēn nǐ fēnxiǎng yí xià. Wǒ dǎsuàn zài Dōngjīng dāi yí

个 星期，然后 再 回 中国。
ge xīngqī, ránhòu zài huí Zhōngguó.

【ポイント】

182

1 使役

| 叫／让／使＋人・物＋動詞・形容詞句 |

老师 叫 我们 查 词典。
Lǎoshī jiào wǒmen chá cídiǎn.

我 爸爸 不 让 我 出国 留学。
Wǒ bàba bú ràng wǒ chūguó liúxué.

对不起，让 您 久 等 了。
Duìbuqǐ, ràng nín jiǔ děng le.

这个 故事 使 我 很 感动。
Zhèige gùshi shǐ wǒ hěn gǎndòng.

解説

・"叫"は指示・強制、"让"は許可・丁寧なニュアンスがあります。
・"使"は心理描写に使う、やや固い表現です。

昨天　晚上　我　家里人　叫　我　做　中国　菜。我
Zuótiān　wǎnshang　wǒ　jiālirén　jiào　wǒ　zuò　Zhōngguó　cài.　Wǒ

做了　你　以前　教　我　的　西红柿　炒　鸡蛋　和　地三鲜。
zuòle　nǐ　yǐqián　jiāo　wǒ　de　xīhóngshì　chǎo　jīdàn　hé　dìsānxiān.

虽然　做　得　不　太　好看，但是　味道　还　可以。　可惜　没有
Suīrán　zuò　de　bú　tài　hǎokàn,　dànshì　wèidào　hái　kěyǐ.　Kěxī　méiyǒu

你　做　的　那么　好吃。　你　做　菜　的　手艺　真　让　我
nǐ　zuò　de　nàme　hǎochī.　Nǐ　zuò　cài　de　shǒuyì　zhēn　ràng　wǒ

佩服。有　机会　请　你　再　教　我　做　菜，好　吗?
pèifu.　Yǒu　jīhuì　qǐng　nǐ　zài　jiāo　wǒ　zuò　cài,　hǎo　ma?

期待　下　次　见面。
Qīdài　xià　cì　jiànmiàn.

有　空　再　联系!
Yǒu　kòng　zài　liánxì!

美铃
Měilíng

183

2 “是…的 shì…de”構文　主語(+是)+動詞句+的

你　是　从　哪儿　来　的?
Nǐ　shì　cóng　nǎr　lái　de?

— 我　是　从　东京　来　的。
Wǒ　shì　cóng　Dōngjīng　lái　de.

我　不　是　骑　自行车　来　的，是　坐　出租车　来　的。
Wǒ　bú　shì　qí　zìxíngchē　lái　de,　shì　zuò　chūzūchē　lái　de.

我　是　去年　来　北京　的。/
Wǒ　shì　qùnián　lái　Běijīng　de.

我　是　去年　来　的　北京。
Wǒ　shì　qùnián　lái　de　Běijīng.

解説

- 過去の動作に対して、その場所・時間・方式を強調します。
- “是”は省略できますが、否定形では省略できません。
- “的”は通常、文末に置かれますが、目的語の前に置かれることもあります。

184

3 接続詞の呼応表現

因为 作业 很 多，所以 我 明天 不 去 打
Yīnwèi zuòyè hěn duō, suǒyǐ wǒ míngtiān bú qù dǎ

网球 了。
wǎngqiú le.

虽然 她 成绩 不 太 好，可是 学 得 很
Suīrán tā chéngjì bú tài hǎo, kěshì xué de hěn

认真。
rènzhēn.

中岛 同学 不但 会 说 俄语，而且 还 会
Zhōngdǎo tóngxué búdàn huì shuō Éyǔ, érqiě hái huì

说 西班牙语。
shuō Xībānyáyǔ.

如果 你 有 时间（的话），咱们 就 去 唱
Rúguǒ nǐ yǒu shíjiān (dehuà), zánmen jiù qù chàng

卡拉OK 吧。
kǎlāOK ba.

解説

・話し言葉では、接続詞がよく省略されます。
・接続詞の位置は、通常、文や節の先頭に置かれますが、主語の後に置くこともあります。

【練習問題】

1：指示に従って書いてください。

① 因为今天天气很好，(　　) 我们出去玩儿。　[空欄に適切な語を入れる]

② (　　) 今天天气不好，但是我想出去玩儿。　[空欄に適切な語を入れる]

③ 我爸爸叫我去买衣服。　[否定文に改める]

④ 他是坐飞机来的。　[否定文に改める]

⑤ 王老师的话感动使我。　[誤りを正す]

⑥ 你是从哪儿来了？　[誤りを正す]

2：次の日本語を中国語に訳してください。

① もし時間があれば、私たち一緒に昼食を食べに行きましょう。

② ここ数日、横浜の天気はますます暑くなってきました。

③ 地下鉄で行くのは安いばかりでなく、とても便利でもあります。

④ 私は北京で中国語を学んだのではなく、東京で学んだのです。

⑤ 李先生は私たちに辞書を引かせません。

⑥ 私はテニスをするのがうまくありませんが、しかし毎日友達と一緒にプレーしています。

185

3：発音を聴いてピンインと簡体字を書いてください。

①ピ：　　　②ピ：

簡：　　　簡：

③ピ：　　　④ピ：

簡：　　　簡：

⑤ピ：　　　⑥ピ：

簡：　　　簡：

4：高校時代の友人に近況をうかがうメールを書いてみましょう。

語彙索引

第５課以降の[新出語句]に取り上げられている語句をピンインによるアルファベットと声調（1，2，3，4声，軽声）順に配列した。
数字は初出の課を示す。

A

a	啊	6
Àolínpǐkè	奥林匹克	11

B

bǎ	把〔量〕	9
bǎ	把〔前〕	19
ba	吧	8
bàba	爸爸	6
bǎi	百	8
báibǎn	白板	10
bān	班	7
bàn	半	11
bāngmáng	帮忙	12
bàngōngshì	办公室	10
bànnián	半年	12
bàomǐhuā	爆米花	9
bāozi	包子	12
běi	北	13
bèi	被	19
běibian(r)	北边(儿)	10
Běi Dà	北大	13
běifāng	北方	7
Běijīng	北京	5
Běijīng kǎoyā	北京烤鸭	7
Běijīngrén	北京人	6
běimiàn(r)	北面(儿)	10
běn	本	9
bǐ	比	17
biàn	遍	14
biànlìdiàn	便利店	10
bié	别	13
bǐjiào	比较	7
bǐjìběn	笔记本	10
bǐrú shuō	比如说	12
bǐsài	比赛	16
bìyè	毕业	19
bù	不	5
búcuò	不错	8
búdàn	不但	20
búguò	不过	16
bú kèqi	不客气	7
bú tài	不太	8
bù xiǎng	不想	13
bù xíng	不行	14
bú yào	不要	13
bú yòng	不用	13

C

cái	才	20
cài	菜	20
Cài Nà	蔡娜	20
Càishìkǒu	菜市口	13
cānjiā	参加	16
chá	查	20
chàbuduō	差不多	17
cháng	尝	15
chàng	唱	16
chángcháng	常常	14
chángjiàn	常见	17
chāoshì	超市	13
Chén Hàorán	陈浩然	7
chéng	成	19
chéngjì	成绩	20
chēngwéi	称为	19
chēzhàn	车站	10
chī	吃	5
chīfàn	吃饭	10
Chóngqìng	重庆	10
chū / chu	出	15
chuān	穿	18
chuán	船	20
chuáng	床	9
chuánrǎn	传染	19
chūfā	出发	19
chūguó	出国	20
chuīzǒu	吹走	19
Chūnjié	春节	19
chūzhōngshēng	初中生	8
chūzūchē	出租车	20
cì	次	13
cídiǎn	词典	6
cóng	从	13
cónglái	从来	13
Cūnjǐng Lìjiā	村井莉加	13
cuò	错	14

D

dà	大	7
Dàbǎn	大阪	13
dǎ bàngqiú	打棒球	16
dǎ diànhuà	打电话	11
dàgài	大概	11
dǎgōng	打工	13
dāi	待	20
dài	带	15
dàifu	大夫	19
dàjiā	大家	12
dàjiā hǎo	大家好	12
dàn	但	14
dànshì	但是	12
dānxīn	担心	19
dào	到〔前〕	13
dào	到〔動〕	13
dào	到〔結果補語〕	14
dǎsǎo	打扫	17
dǎsuàn	打算〔名〕	18
dǎsuàn	打算〔動〕	20
dàxué	大学	6
dàxuéshēng	大学生	6
dàyī	大衣	11

dǎyìnjī	打印机	7
dé	得	19
de	地	16
de	的	6
de	得	16
dehuà	的话	20
děi	得	16
děng	等	15
Déwén	德文	19
dì	第	10
diǎn	点	11
diǎncài	点菜	8
diànnǎo	电脑	6
diǎnr	点儿	19
diànshì	电视	11
diànyǐng	电影	9
diànzǐ cídiǎn	电子词典	15
dìfang	地方	18
dìng	订	18
dìsānxiān	地三鲜	20
dìtiě	地铁	13
dǒng	懂	14
dòng	栋	10
dōngbian(r)	东边(儿)	10
Dōngjīng	东京	15
dōngmiàn(r)	东面(儿)	10
dōu	都	6
Dùbiān Lǐnài	渡边里奈	7
duì	对	5
duìbuqǐ	对不起	10
duìmiàn(r)	对面(儿)	10
duō	多[形]	8
duō	多[副]	19
duō cháng shíjiān	多长时间	11
duō dà	多大	9
duōduō zhǐjiào	多多指教	12
duōshao	多少	9
duōshao qián	多少钱	9
dùzi	肚子	12

E

è	饿	12
éi	欸	6·10
eīpīpī	app	7
érqiě	而且	20
érzi	儿子	17
Éyǔ	俄语	20

F

fā	发	11
fǎlǜ	法律	5
fàng	放	18
fāngbiàn	方便	7
fángjiān	房间	19
fānyì	翻译[動]	12
fāshāo	发烧	19
fāxiàn	发现	12
fāyīn	发音	12
fēicháng	非常	7
fēijī	飞机	17
fēn	分	11
fēngfù	丰富	17
fènglísū	凤梨酥	15
fēnxiǎng	分享	20
fēnzhōng	分钟	11
fù	附	20
fúwùyuán	服务员	8

G

gàn	干	16
gǎndòng	感动	20
gāngbǐ	钢笔	14
gǎnmào	感冒	19
Gāoqiáo Dōngshù	高桥冬树	18
gàosu	告诉	14
gāotiě	高铁	17
gāoxìng	高兴	7
gāozhōngshēng	高中生	8
ge	个	9
gēge	哥哥	6
gěi	给	11
gēn	跟	11
gèng	更	20
gēr	歌儿	14
gōnggòng qìchē	公共汽车	9
gōngjīn	公斤	16
gōngsī	公司	6
gōngyuán	公园	10
gōngzuò	工作	11
guà	挂	13
guàhào	挂号	19
guàhàochù	挂号处	19
guàibude	怪不得	18
guān	关	16·19
Guǎnggāng Lìzǐ	广冈莉子	10
guānxi	关系	12
guì	贵	17
guīmó	规模	10
guó	国	20
guò / guo	过[方向補語]	15
guo	过[助]	13
guówài	国外	13
gùshi	故事	20

H

hái	还	12
hǎibiān	海边	18
hái kěyǐ	还可以	20
Hǎinándǎo	海南岛	18
háishi	还是[接]	8
háishi	还是[副]	14
háiyǒu	还有	17
háizi	孩子	11
hánjià	寒假	18
Hànyǔ	汉语	5
hǎo	好[形]	8·10
hǎo	好[結果補語]	14
hào	号	11
hǎochī	好吃	7
hǎo de	好的	8
hǎohāor	好好儿	16
hǎokàn	好看	20
hǎowánr	好玩儿	15
hē	喝	5
hé	和	9

hěn	很	7
Héngbīn	横滨	11
héshì	合适	18
hóng	红	18
hòubian(r)	后边(儿)	10
hòulái	后来	12
hòumiàn(r)	后面(儿)	10
hòunián	后年	11
hòutiān	后天	11
huà	话	14
huàn	换	13
huānyíng guānglín	欢迎光临	9
Hǔfāngqiáo	虎坊桥	13
huí	回[動]	15·20
huí/hui	回[方向補語]	15
huì	会	14
huí bu qù	回不去	18

J

jǐ	几	9
jiā	家	10
jiālirén	家里人	6
jiàn	件	9
jiàn	见	14
jiànmiàn	见面	12
jiāo	教	14
jiào	叫	5
jiàoshì	教室	5
jiàoxuélóu	教学楼	10
jiǎozi	饺子	8
Jiāténg Měilíng	加藤美铃	8
jīchǎng	机场	13
jié	节	12
jiějie	姐姐	6
jiějué	解决	16
jièyòng	借用	14
jīhuì	机会	20
jìn	近	13
jìn/jin	进	15
Jīngjù	京剧	13
jīnglì	经历	12
jīnhòu	今后	12
jīnnián	今年	9
jīntiān	今天	11
jiù	就	8·13
jiǔ děng	久等	20
jiù yào~le	就要～了	19
juéde	觉得	12

K

kāfēi	咖啡	5
kāi	开	18·19
kāimén	开门	18
kāishǐ	开始	12
kāiwǎng	开往	19
kǎlāOK	卡拉 OK	20
kàn	看	9
kàn bu qīngchu	看不清楚	18
kàn de jiàn	看得见	18
kǎoshì	考试	13
kè	刻	11
kè	课	12
kělè	可乐	9
kěndìng	肯定	17
kěnéng	可能	12
kèrén	客人	9
kěshì	可是	16
késou	咳嗽	19
kěxī	可惜	20
kěyǐ	可以	14
kòng(r)	空(儿)	16
kuài	块	8
kuài	快	16
kuài diǎnr	快点儿	15
kuài(yào)~le	快(要)～了	19
kùzi	裤子	9

L

là	辣	8
lái	来[動]	7·10
lái/lai	来[方向補語]	15
láibují	来不及	18
láidejí	来得及	18
lǎolao	姥姥	10
lǎoshī	老师	5
lǎoye	姥爷	14
le	了	12
le	了	19
lèi	累	15
lěng	冷	18
lí	离	13
Lǐ	李	15
li	里	10
Lǐ Xiáng	李翔	8
Lǐ Yīchéng	李一诚	10
liáng	量	19
liǎng	两	8
liángkuai	凉快	7
liǎng-sān tiān	两三天	19
liánxì	联系	20
liànxí	练习	16
lǐbài	礼拜	11
lǐbian(r)	里边(儿)	10
lièchē	列车	19
lǐmiàn(r)	里面(儿)	10
Lín Bǎiyǔ	林柏宇	15
líng	零	8
Língmù	铃木	7
Língmù Kuí	铃木葵	15
Liú	刘	9
liúgǎn	流感	19
Liú Méng	刘萌	6
Liú Mǐn	刘敏	11
liúxué	留学	20
liúxuéshēng	留学生	5
lǐwù	礼物	15
Líyuán Jùchǎng	梨园剧场	13
lìzhī	荔枝	17
lóngyǎn	龙眼	17
lóushàng	楼上	15
lǚxíng	旅行	18
lǚyóu	旅游	20

M

Mǎ	马	17
ma	吗	5
mǎi	买	5
màibó	脉搏	19

mǎidān	买单	8
māma	妈妈	6
màn	慢	17
máng	忙	7
mángguǒ	芒果	17
máoyī	毛衣	9
màozi	帽子	19
měi ge	每个	12
Měiguó	美国	6
Měiguórén	美国人	5
mèimei	妹妹	19
měi tiān	每天	11
méi wèntí	没问题	8
méi(/méiyǒu)	没(／没有)	7
méi(/méiyou)	没(／没有)	12
méi(/méiyou)~guo	没(／没有)～过	13
mén	门	16
men	们	11
mǐ	米	14
miànbāo	面包	7
mǐfàn	米饭	8
míngnián	明年	11
míngtiān	明天	7
míngzi	名字	5
mínzhǔ	民主	16
mùguā	木瓜	17

N

ná	拿	15
nǎ	哪	6
nà	那[代]	6
nà	那[接]	8
nǎbian(r)/něibian(r)	哪边(儿)	10
nàbian(r)/nèibian(r)	那边(儿)	10
nǎge/něige	哪个	6
nàge/nèige	那个	6
nǎli	哪里	6
nàli	那里	6
nàme	那么	17
nán	难	7
nánbian(r)	南边(儿)	10
nánfāng	南方	7
nánmiàn(r)	南面(儿)	10
nǎr	哪儿	6
nàr	那儿	6
nǎxiē/něixiē	哪些	6
nàxiē/nèixiē	那些	6
ne	呢	6·17·18
néng	能	14
ǹg	嗯	17
nǐ	你	5
nián	年	11
niàn	念	7
niánjí	年级	6
niánqīng	年轻	16
nǐ hǎo	你好	5
nǐ kàn	你看	10
nǐmen	你们	5
nín	您	5
niúnǎi	牛奶	8
nònghuài	弄坏	19
nuǎnhuo	暖和	7
nǔlì	努力	12
nǚ’ér	女儿	17
nǚpéngyou	女朋友	12

O

ò	哦	6

P

pà	怕	8
pàng	胖	16
pángbiān(r)	旁边(儿)	10
pǎo	跑	15
pèifu	佩服	20
péngyou	朋友	7
piányi	便宜	17
piào	票	9
piàoliang	漂亮	16
píngbǎn diànnǎo	平板电脑	17

Q

qí	骑	20
qǐ/qi	起	15
qiān	千	8
qiánbāo	钱包	14
qiánbian(r)	前边(儿)	10
qiánmiàn(r)	前面(儿)	10
qiánnián	前年	11
qiántiān	前天	11
qīdài	期待	20
Qīhào Xiàn	七号线	13
qǐng	请	12
qīngchu	清楚	18
qǐngkè	请客	8
qīngqīng de	轻轻地	16
qǐngwèn	请问	9
Qiūshān Zǐ	秋山梓	16
qù	去[動]	5
qù/qu	去[方向補語]	15
qùnián	去年	11

R

ràng	让	20
ránhòu	然后	13
rè	热	10
rén	人	6
rènshi	认识	7
rènzhēn	认真	10
rèshuǐ	热水	19
Rìběn	日本	10
Rìběnrén	日本人	5
Rìyǔ	日语	14
róngyì	容易	12
rúguǒ	如果	20

S

sànbù	散步	15
sǎngzi	嗓子	19
shàng	上[動]	12
shàng/shang	上[方向補語]	15·16
shang	上[方]	10
shàngbān	上班	9

shàngbian(r)	上边(儿)	10
shàng ge	上个	11
Shànghǎi	上海	12
shàngkè	上课	12
shàngmiàn(r)	上面(儿)	10
shàngwǎng	上网	18
shàngwǔ	上午	11
Shāntián Liàngtài	山田亮太	5
shéi	谁	7
shēngbìng	生病	12
shēngrì	生日	11
shénme	什么	5
shénme shíhou	什么时候	7
shēntǐ	身体	10
shǐ	使	20
shì	事	9
shì	是	5
shíhou	时候	12
shíjiān	时间	20
shì ma	是吗	10
shítáng	食堂	10
shǒubiǎo	手表	5
shǒujī	手机	7
shòupiàoyuán	售票员	9
shǒuyì	手艺	20
shū	书	6
shuànyángròu	涮羊肉	13
shūbāo	书包	8
shūfu	舒服	19
shuǐguǒ	水果	17
shǔjià	暑假	13
shuō	说	13
Sìhào Xiàn	四号线	13
sòng	送	14
suì	岁	9
suīrán	虽然	20
suǒyǐ	所以	20

T

tā	他	5
tā	她	5
tā	它	5
Táiběi	台北	15
tài~le	太～了	12
Táiwān	台湾	15
tāmen	他们	5
tāmen	她们	5
tǎng	躺	18
tèbié	特别	7
téng	疼	19
tì	替	19
tiān	天	11
tiānqì	天气	20
Tiánzhōng Qīhǎi	田中七海	19
tiáo	条	9
tīng	听	14
tīng bu dǒng	听不懂	18
tīng de dǒng	听得懂	18
tīngshuō	听说	10
tīngzhěnqì	听诊器	19
tǐwēn	体温	19
tī zúqiú	踢足球	16
tóngxué	同学	7
tóu	头	19
túshūguǎn	图书馆	10

W

wàibian(r)	外边(儿)	10
wàiguó	外国	18
wàimiàn(r)	外面(儿)	10
wán	完	14
wàn	万	8
Wáng	王	12
wǎng	往	13
wángguó	王国	17
Wáng Liàng	王亮	14
wǎngqiú	网球	20
wánr	玩儿	11
wǎnshang	晚上	11
wéi	喂	13
wèi	位	9
wèidào	味道	17
wèi shénme	为什么	11
Wēixìn	微信	7
wèntí	问题	16
wǒ	我	5
wǒmen	我们	5
wǔfàn	午饭	12
Wú Jìnglì	吴静丽	18
wūlóngchá	乌龙茶	8

X

xià / xia	下	15
xiàbian(r)	下边(儿)	10
xiàchuán	下船	20
xiàcì	下次	15
xià ge	下个	11
xiàmiàn(r)	下面(儿)	10
xiān	先	13
xiān	掀	19
Xī'ān	西安	19
xiǎng	想	13
xiǎng bu chūlái	想不出来	18
Xiānggǎng	香港	15
xiāngjiāo	香蕉	17
xiānsheng	先生	13
xiànzài	现在	11
Xiǎo	小	14
xiàoguī	校规	16
xiǎopéngyǒu	小朋友	9
xiǎoshí	小时	11
xiǎoshuō	小说	14
xiàoyuán	校园	7
xiàtiān	夏天	10
Xiàwēiyí	夏威夷	18
xiàwǔ	下午	11
xià xīngqītiān	下星期天	16
xiàxuě	下雪	18
xiàyǔ	下雨	18
Xībānyáyǔ	西班牙语	20
xībian(r)	西边(儿)	10
xiě	写	16
xièxie	谢谢	7
xīhóngshì chǎo jīdàn	西红柿炒鸡蛋	20
xǐhuan	喜欢	16
xīmiàn(r)	西面(儿)	10

xīngqī	星期	11
xīngqītiān	星期天	11
xiūxi	休息	15
xué	学	5
xuésheng	学生	6
xuéxí	学习〔動〕	6
xuéxí	学习〔名〕	10
xuéxiào	学校	6
xuèyā	血压	19

Y

Yáng Píng	杨平	5
Yáng Tàilóng	杨泰龙	13
yánjiū	研究	16
yào	要〔動〕	7·13
yào	要〔助動〕	13
yào	药	12
yàoshi	要是	16
yě	也	6
yēshù	椰树	18
yéye	爷爷	12
yì	亿	8
yìbān	一般〔副〕	10
yìbān	一般〔形〕	19
yìdiǎnr	一点儿	14
yídìng	一定	12
yīfu	衣服	9
yígòng	一共	8
yǐhòu	以后	16
yǐjīng	已经	12
yīn	音	12
yíng	赢	17
yīnggāi	应该	16·18
Yīngwén	英文	12
Yīngyǔ	英语	5
yínháng	银行	6
yīnwèi	因为	20
yìqǐ	一起	10
yǐqián	以前	12
yīshēng	医生	19
yǐwéi	以为	12
yí xià	一下	14
yíyàng	一样	17
yīyuàn	医院	19
yìzhí	一直	13
yǐzi	椅子	9
yòng	用〔動〕	7
yòng	用〔前〕	19
yóu	游	14
yǒu	有	7·10
yòubian(r)	右边(儿)	10
yǒudiǎnr	有点儿	14
yòumiàn(r)	右面(儿)	10
yóuxì	游戏	17
yóuyǒng	游泳	14
yǒu~zhī chēng	有～之称	17
yú	鱼	9
yuǎn	远	13
yuè	月	11
yuèfèn	月份	15
yuè lái yuè	越来越	20
yǔfǎ	语法	12
yùndòng	运动〔動〕	16
yùndòng	运动〔名〕	16
yǔsǎn	雨伞	9
yúxiāng ròusī	鱼香肉丝	8

Z

zài	再	14·20
zài	在〔動〕	10
zài	在〔副〕	17
zài	在〔前〕	11
zàijiàn	再见	5
zánmen	咱们	5
zǎoshang	早上	11
zázhì	杂志	18
zěnme	怎么	7
zěnmeyàng	怎么样	10
zhàn	站〔名〕	13
zhàn	站〔量〕	13
zhāng	张	9
zhàngfu	丈夫	12
zhǎngwò	掌握	12
Zhāng Zǐháo	张子豪	16
zhànqilai	站起来	15
zhǎo	找	14
Zhào	赵	10
zhàopiàn	照片	6
zhè	这	6
zhe	着	18
zhèbian(r) / zhèibian(r)	这边(儿)	10
zhège / zhèige	这个	6
zhèli	这里	6
zhème	这么	18
zhēn	真	10
zhèngzài	正在	17
zhěnshì	诊室	19
zhèr	这儿	6
zhèxiē / zhèixiē	这些	6
zhī	支	14
zhǐ	只	19
zhǐ	纸	9
zhīdào	知道	10
zhìnéng shǒujī	智能手机	7
zhǐshì	只是	17
zhíyuán	职员	6
Zhīzhūxiá	《蜘蛛侠》	9
zhǒng	种	16
zhòng	种	18
Zhōngdǎo	中岛	20
Zhōngguó	中国	6
Zhōngguócài	中国菜	5
Zhōngguórén	中国人	5
zhōngjiān	中间	9
zhǒnglèi	种类	17
Zhōngtián	中田	18
Zhōngwén	中文	12
zhōngwǔ	中午	11
zhōu	周	11
zhù	住	10
Zhúnèi Héyě	竹内和也	11
zhuōzi	桌子	10
zhǔshí	主食	8
zhǔyào	主要	12
zì	字	7
zìxíngchē	自行车	20
zǒu	走	13
zuì	最	8

zūnshǒu	遵守	16
zuò	坐	9
zuò	做	8·11
zuǒbian(r)	左边(儿)	10
zuǒmiàn(r)	左面(儿)	10
Zuǒténg Dàjiè	佐藤大介	6
zuótiān	昨天	11
zuòwèi	座位	9
zuòyè	作业	19

表紙デザイン・挿絵：トミタ制作室

初級テキスト

中国語のススメ　**音声ダウンロード**

2022年 3 月 24 日　初 版 発 行
2024年 2 月 29 日　第 3 刷発行

編著者　『中国語のススメ』編集部会
浅野雅樹　須山哲治　松倉梨恵　山下一夫　容文育
吉永壮介　李晶
発行者　佐藤和幸
発行所　白 帝 社
〒171-0014　東京都豊島区池袋 2-65-1
電話　03-3986-3271　FAX　03-3986-3272
info@hakuteisha.co.jp　https://www.hakuteisha.co.jp/
印刷　倉敷印刷㈱　製本　ティーケー出版印刷㈱

Printed in Japan〈検印省略〉6914　ISBN978-4-86398-447-9
＊定価は表紙に表示してあります。

中国全図

乌鲁木齐
Wūlǔmùqí
新疆维吾尔自治区
Xīnjiāng Wéiwú'ěr Zìzhìqū
甘肃省
Gānsù Shěng
宁夏回族自治
Níngxià Huízú Zìzh
银川
Yínchu
青海省
Qīnghǎi Shěng
西宁
Xīníng
兰州
Lánzhō
西藏自治区
Xīzàng Zìzhìqū
拉萨
Lāsà
四川省
Sìchuān Shěng
成都
Chéngd
贵州省
Guìzhōu Sh
贵阳
Guìy
云南省
Yúnnán Shěng
昆明
Kūnmíng

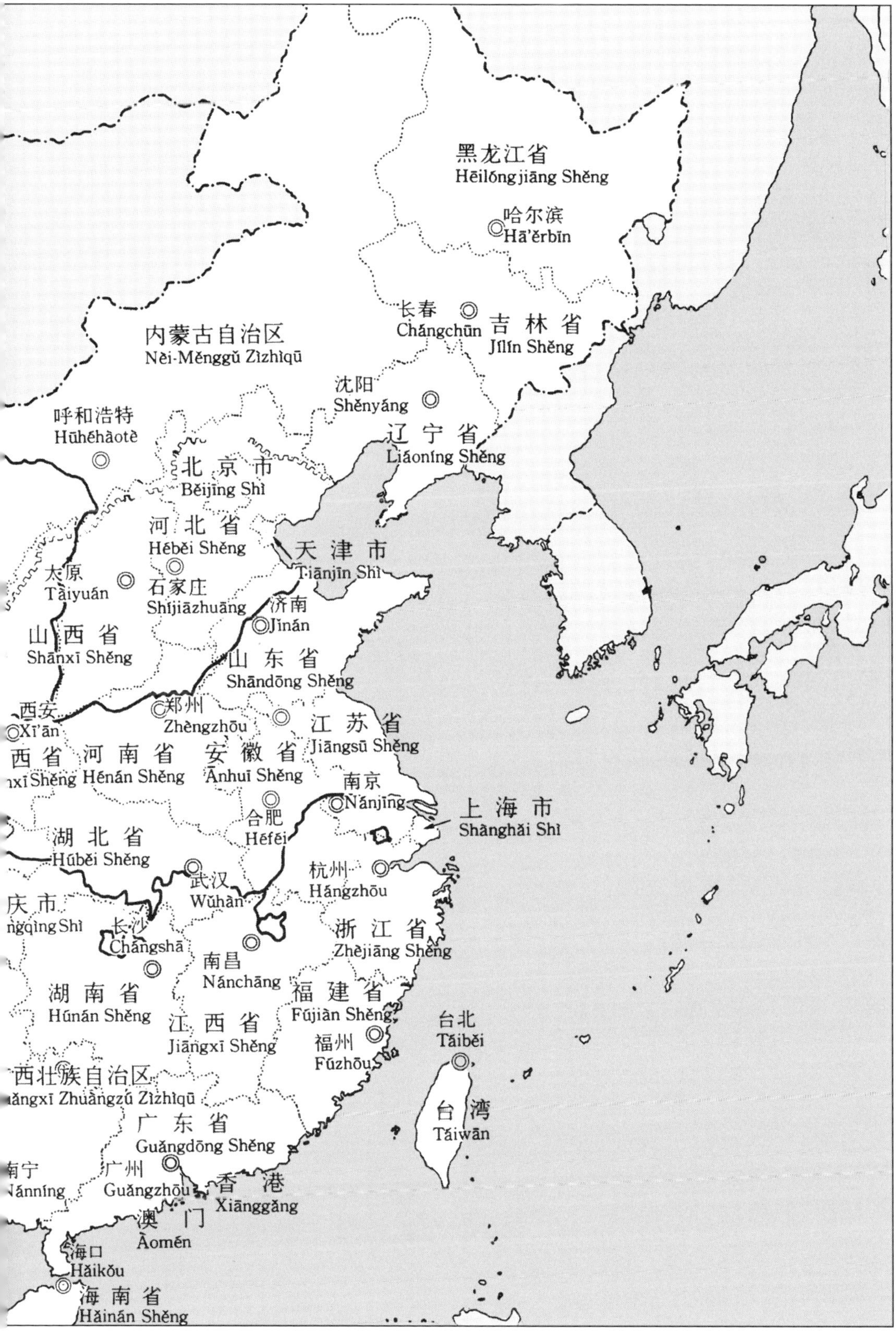
黑龙江省
Hēilōngjiāng Shěng
哈尔滨
Hā'ěrbīn
长春
Chángchūn
吉林省
Jílín Shěng
内蒙古自治区
Nèi-Měnggǔ Zìzhìqū
沈阳
Shěnyáng
辽宁省
Liáoníng Shěng
呼和浩特
Hūhéhàotè
北京市
Běijīng Shì
河北省
Héběi Shěng
天津市
Tiānjīn Shì
太原
Tàiyuán
石家庄
Shíjiāzhuāng
济南
Jǐnán
山西省
Shānxī Shěng
山东省
Shāndōng Shěng
西安
Xī'ān
郑州
Zhèngzhōu
江苏省
Jiāngsū Shěng
西省
xī Shěng
河南省
Hénán Shěng
安徽省
Ānhuī Shěng
南京
Nánjīng
上海市
Shànghǎi Shì
合肥
Héféi
湖北省
Húběi Shěng
杭州
Hángzhōu
武汉
Wǔhàn
庆市
ngqìng Shì
长沙
Chángshā
浙江省
Zhèjiāng Shěng
南昌
Nánchāng
湖南省
Húnán Shěng
福建省
Fújiàn Shěng
江西省
Jiāngxī Shěng
台北
Táiběi
福州
Fúzhōu
西壮族自治区
ǎngxī Zhuàngzú Zìzhìqū
台湾
Táiwān
广东省
Guǎngdōng Shěng
广州
Guǎngzhōu
香港
Xiānggǎng
澳门
Àomén
海口
Hǎikǒu
海南省
Hǎinán Shěng